Michael Losse

Nützliches
Burgen-ABC

mit Berichtigungen
der verbreitetsten Irrtümer

In Memoriam

Prof. Dr. Tomáš Durdík

(*24. Januar 1951 Prag;
†20. September 2012 Prag).

Der international bekannte, renommierte tschechische Mittelalterarchäologe und Burgenforscher Professor PhDr. Tomáš Durdík, DrSc war ein liebenswürdiger, eigenwilliger, immer zuverlässiger und hilfsbereiter und daher allgemein beliebter Kollege und Freund: Tom, es war ein Gewinn, Dich als Kollegen und eine Ehre, Dich als Freund gehabt zu haben; Dir sei dieses Buch in dankbarer Erinnerung herzlichst gewidmet!

Michael Losse

Nützliches Burgen-ABC

mit Berichtigungen der verbreitetsten Irrtümer

Copyright © 2016 Regionalia Verlag GmbH, Rheinbach

Alle Rechte vorbehalten

Einbandgestaltung: Derek Gotzen für agilmedien, Niederkassel

Abbildungen auf Cover:

Großes Bild: Kasselburg bei Pelm in der Vulkaneifel (Foto: M. Losse)

Kleines Bild links: Caerphilly Castle in Caerphilly, Wales (GB) (Foto: M. Losse)

Kleines Bild Mitte: Großmeisterburg in Rhódos (Insel Rhódos, Dodekanes), Griechenland (Foto: M. Losse)

Kleines Bild rechts: Burg Rheinstein bei Trechtingshausen am Mittelrhein (aus: Tombleson, um 1840).

Abbildungsnachweise Bilder im Werk:
s. Hinweise der Bildunterschriften

Layout und Satz: paquémedia, Ebergötzen

Printed in Poland 2016

ISBN 978-3-95540-135-1

www.regionalia-verlag.de

Inhalt

1. Vorwort 7

2. Danksagung 8

3. Die verbreitetsten Irrtümer und Klischees über mittelalterliche Burgen – widerlegt 9

   3.1 Einführung 9

   3.2 Angebliche „römische Vorgängerbauten" vieler mittelalterlicher Burgen 12

   3.3 Der Bergfried als „letzte Zuflucht" der Burgbewohner und „Kerker" 13

   3.4 „Pechnasen", siedendes Öl und Pech, heißes Wasser bei der Verteidigung 14

   3.5 Angebliche Folterkammern 15

   3.6 „Unterirdische Gänge" 15

4. Burgen-ABC 17

5. Anhang: Literatur 118

Abkürzungsverzeichnis

A	Österreich	LIB	Libanon
A.	Anfang	M	Malta
B	Belgien	m	Meter
BE	Berlin (Bundesland)	M.	Mitte
BR	Brandenburg (Bundesland)	MA	Mittelalter
BW	Baden-Württemberg (Bundesland)	ma.	mittelalterlich
BY	Bayern (Bundesland)	MV	Mecklenburg-Vorpommern (Bundesland)
bzw.	beziehungsweise	n. Chr.	nach Christus
ca.	circa	NL	Niederlande
CH	Schweiz	NRW	Nordrhein-Westfalen (Bundesland)
CYM	Wales	NS	Niedersachsen (Bundesland)
CYP	Zypern	OG	Obergeschoss
CZ	Tschechische Republik	PL	Polen
D	Deutschland	RO	Rumänien
d.h.	das heißt	RP	Rheinland-Pfalz (Bundesland)
DK	Dänemark	RUS	Russland
Dr.	Drittel	S	Sachsen (Bundesland)
E	Spanien	s.	siehe
E.	Ende	SA	Sachsen-Anhalt (Bundesland)
ebd.	ebenda	SH	Schaffhausen
ehem.	ehemalige / ehemaligen / ehemaliges	SL	Saarland (Bundesland)
etc.	et cetera	SLH	Schleswig-Holstein (Bundesland)
EU	Europa	s.o.	siehe oben
F	Frankreich	sog.	sogenannt / sogenannter / sogenanntes
FN	Frühe Neuzeit	SRB	Serbien
fr.	frühen / frühes	s.u.	siehe unten
französ.	französisch	SYR	Syrien
GB	Großbritannien	T	Tirol
GR	Griechenland	TG	Thurgau
H.	Hälfte	TH	Thüringen (Bundesland)
ha	Hektar	TR	Türkei
HB	Bremen (Bundesland)	u.a.	unter anderem
HE	Hessen (Bundesland)	u.ä.	und ähnlich
HH	Hamburg (Bundesland)	UG	Untergeschoss
I	Italien	urspr.	ursprünglich
i.d.R.	in der Regel	V.	Viertel
IL	Israel	v.	von (als Adelsprädikat)
inkl.	inklusive	v.a.	vor allem
Jh.	Jahrhundert(s)	v. Chr.	vor Christus
JH	Jugendherberge	vgl.	vergleiche
kg	Kilogramm	z.B.	zum Beispiel
km	Kilometer	z.T.	zum Teil
L	Luxemburg	z.Zt.	zur Zeit
lat.	lateinisch		

1. Vorwort

Im Rahmen von mir geleiteter Studienreisen, Baugeschichtsseminare und Burgenführungen wurde oft die Bitte an mich herangetragen, ein „Burgen-ABC" zu schreiben, ein Handbuch, in dem die wichtigsten Begriffe der heutigen burgenkundlichen Fachsprache auch für interessierte Laien verständlich und mit erläuternden Illustrationen versehen zusammengestellt werden. Die Chance zur Umsetzung dieses Vorhabens bot sich, als Bruno Hof, Inhaber des Regionalia Verlages, mir den Vorschlag unterbreitete, ein Lexikon der wichtigsten burgenkundlichen Fachtermini zu erstellen, in dem einleitend die gängigsten Irrtümer und Klischees über mittelalterliche Burgen auf Basis neuester wissenschaftlicher Erkenntnisse widerlegt werden.

Um den Rahmen der Handbuch-Reihe des Regionalia Verlages nicht zu sprengen, war eine Beschränkung auf die wichtigsten Stichworte notwendig. Wer sich noch intensiver mit burgen- und festungskundlichen Fachausdrücken – und darüber hinaus ganz allgemein mit Burgen, Schlössern, Festungen, Adelssitzen und Wehrbauten – befassen möchte, sei daher auf ein wichtiges Handbuch zum Thema verwiesen, das von Horst Wolfgang Böhme, Reinhard Friedrich und Barbara Schock-Werner in Verbindung mit dem Europäischen Burgeninstitut der Deutschen Burgenvereinigung e.V. herausgegebene ‚Reclam – Wörterbuch der Burgen, Schlösser und Festungen' (Verlag Philipp Reclam jun. Stuttgart 2004; 2. Auflage 2015), in dem über die mittelalterlichen Burgen und Wehrbauten auch frühneuzeitliche Schlösser und Festungen ausführlichere Berücksichtigung fanden.

Selmun Palace (Malta), ein festes Schloss des 18. Jh. (Foto: M. Losse)

Red Tower, auch Fort St. Agatha (Malta), ein burgrezipierendes Fort, 17. Jh. (Foto: M. Losse)

2. Danksagung

Viele Kollegen/-innen und Freunde haben mit Informationen wesentlich zur Entstehung dieses Buches beigetragen, allen voran Prof. Dr. Werner Meyer (CH), Prof. Dr. Tomáš Durdík (CZ), dem dieses Buch gewidmet ist, und Dr. Stephen C. Spiteri (Malta). Zu den Fachkollegen/-innen, die mir in persönlichen Gesprächen neueste fachliche Erkenntnisse mitteilten, gehören darüber hinaus Dr. Kurt Bänteli (CH), Dieter Barz, Dr. Thomas Biller, Thomas Bitterli lic.phil. (CH), Prof. Dr. Horst Wolfgang Böhme, Elmar Brohl, Dr. Elisabeth Crettaz-Stürzel, Mario Farrugia, Lorenz Frank M.A., Uwe Frank, Dr. Jens Friedhoff, Dr. Reinhard Friedrich, Dr. Ralf Gebuhr, Dr. Alfred Geibig, Prof. Dr. G. Ulrich Großmann, Dr. Hans-Wilhelm Heine, Jürgen Keddigkeit M.A., Dr. Ilias Kóllias (GR), Udo Liessem, Rudolf Martin, Dr. Mathias Piana, Prof. Dr. Brabara Schock-Werner, Ralf Schrage, Dr. Günter Stanzl, Dr.-Ing. habil. Stefan Uhl und Dr. Joachim Zeune. Ihnen allen danke ich ganz herzlich, ebenso wie dem Team vom Europäischen Burgeninstitut – Martina Holdorf M.A., Amalia Kappes und Elise Peller – für logistische Hilfe bei der Quellen- und Literaturrecherche. Dank gebührt schließlich auch dem Verleger Bruno Hof für die erneut gute Zusammenarbeit sowie Andreas Paqué für Satz und Layout.

Dr. Michael Losse

Schema einer mittelalterlichen französischen Burg mit englischsprachiger Erläuterung einzelner Bauteile und -elemente (aus: Dictionary 1895).

3. Die verbreitetsten Irrtümer und Klischees über mittelalterliche Burgen – widerlegt

3.1 Einführung

Wie bereits in unseren Büchern ‚Kleine Burgenkunde' (Regionalia Verlag, 6. Aufl. 2015) und ‚Kleine Ritterkunde' (Regionalia Verlag 2014) bemängelt, ist das Mittelalterbild der meisten Menschen heute immer noch von Irrtümern, Klischees und Überzeichnungen geprägt, so dass hier wiederum vorab darauf hinzuweisen ist, dass fast jede/r heute zu wissen meint, was Burgen waren, denn Burgen sind – ebenso wie Ritter – in unserem übertechnisierten Alltag in Klischeebildern allgegenwärtig. Dies gilt v. a. für Historien-Romane (von denen die allermeisten diese Bezeichnung kaum verdienen, da historische Realitäten dafür seltenst recherchiert werden) ebenso wie für viele TV- und Kino-Filme sowie Computer-Spiele. Zudem veranstalten – so wirkt es fast – inzwischen fast jede größere Stadt oder Gemeinde, Gastronomen, Baumärkte, Kindergärten und Altersheime sog.

Marksburg (Braubach, EMS, RP, D). Ansicht um 1607 nach Wilhelm Dilich (aus: Michaelis 1900).

Burg Eltz (RP, D) in der Eifel, eine der meistdargestellten Burgen in Deutschland (aus: Blaue Bücher 1913).

„Mittelaltermärkte", „Ritter-Essen" und ähnliche „Events", auf denen den Besuchern/-innen suggeriert wird, es fände eine Annäherung an mittelalterliche Realitäten statt, doch letztlich wissen die meisten der Gäste noch nicht einmal zu sagen, welcher historische Zeitraum als Mittelalter bezeichnet wird, wie der Verfasser aus eigener leidvoller Erfahrung weiß.

Ärgerlich ist für Historiker und Burgenforscher insbesondere die Tatsache, dass immer mehr Burgen zu „Erlebnis-" oder „Event-Burgen" degradiert werden, auf denen Besucher von penetranten, einen wirren „Mittelalter-Sprech" zelebrierenden „Gewandeten" empfangen werden, die dämlich aus ihrer (Fanta-sy-)Wäsche schauen, wenn sie einmal eine Antwort in mittelhochdeutscher Sprache erhalten!

Vor diesem Hintergrund der „Mittelaltermärkte", „Rittermahle" und ähnlich phantasievoller „Kurtzweyl" wundert es nicht, dass so viele Burgen-Klischees – trotz all der für jede/n auch über das Netz zugänglichen fundierten Schriften des vielbeschworenen „Informationszeitalters" – ohne jegliche Hinterfragung und gegen alle Logik weiter Bestand haben. Somit werden weiterhin „Raubritter", „Pechnasen", „unterirdische Gänge" und „Folterkammern" das Bild von der Burg in der breiten Öffentlichkeit bestimmen. Weiterhin werden auf „Mittelaltermärkten" von zahlreichen, mit iPads bewaffneten, Zigaretten rauchenden und Pommes Frites mit Ketchup essenden (obwohl weder Kartoffeln noch Tomaten im Mittelalter in unseren Breiten bekannt waren!) Zeitgenossen/-innen in Phantasie- bzw. Fantasy-Gewandung besucht werden, die sich zwischen den – in der Zahl weniger stark vertretenen – authentische Mittelalter-Bilder suchenden oder präsentierenden Personen bewegen. (Hinweis: Meine Häme gilt nicht denjenigen, die sich um Authentizität bemühen oder jenen, die ganz konkret eine eskapistische Fantasy-Mittelalter-Welt suchen, und sich dessen bewusst sind, sondern denen, die behaupten, zu wissen, wie „das Mittelalter" war, ohne sich je sachlich informiert zu haben.)

Die Klischees beginnen mit dem Begriff **„Ritterburg"**, der dem verklärten Mittelalterbild der Romantik (18./19. Jh.) entstammt, einer Burg, die u.a. einen > „Rittersaal" enthält, in dem sich angeblich die Ritter versammelten (obwohl der Begriff dem Mittelalter selbst nicht bekannt war), und in der es selbstverständlich auch eine > Kemenate gab, die angeblich den Frauen vorbehalten war. Dass diese Burgen von „edlen Recken" und von „Burgfräulein" bewohnt waren, die lediglich Turnier und Minne im Kopf hatten, wobei erstere vielleicht darüber hinaus als „Raubritter" ihre Umgebung drangsalierten und als Lustmolche das „Recht der ersten Nacht" wahrnahmen, sei nur am Rande erwähnt. Diese Zerrbilder entbehren bei einigem Nachdenken jeglicher Logik.

„Burgen liegen, ‚Adlerhorsten' gleich, auf steilen, weitgehend unersteiglichen Bergen", so lautet ein weitverbreitetes Klischee, nach dem mittelalterliche Burgen „uneinnehmbar" als „Felsennester" auf steilen Berge thronten. Schaut man sich die Vielzahl der Burgen im heutigen Deutschland an (nach Schätzungen könnten über 25.000 Burgen bestanden haben), so zeigen sich diese sehr vielgestaltig, und nur wenige liegen tatsächlich „unersteigbar" auf steilem Fels. Zahlreiche Niederungsburgen stehen, teils nur schwach befestigt, in Ebenen oder an Fluss- und Seeufern, und viele Spornburgen werden von ansteigendem Gelände stark überhöht, so dass sie gegen Beschuss von den überhöhenden Bergen kaum geschützt waren. Daraus wird deutlich: Die meisten Burgen waren keine Militärbauten im Sinne von Festungen, sondern sie waren lediglich bis zu einem gewissen Grade gegen kleinere Angriffe gesichert. Der renommierte Schweizer Burgenforscher Prof. Werner Meyer aus Basel hat schon vor Jahren darauf hingewiesen, dass nur ein geringer Prozentsatz der Burgen in Süddeutschland und der Schweiz im Mittelalter überhaupt jemals belagert wurde. Insofern ist auch die oft zu hörende These: *„Burgen waren ständig umkämpft, und die Haupttätigkeit der Ritter war der*

Schulbild einer „Ritterburg im XIII. Jahrhundert" (aus: Ad. Lehmann's kulturhistorische Bilder, Nr. 2. Leipzig 1880). Das Klischeebild zeigt viele Elemente, die eher ins 14. und 15. Jh. gehören.

Kampf" falsch. Zwar sind die meisten Burgen in Deutschland nur als Ruinen erhalten, doch wurden die meisten gegen Ende des Mittelalters – vielfach als nicht mehr zeitgemäß und unbequem empfunden – einfach aufgegeben, und die Bevölkerung der Umgebung bediente sich in den verlassenen Bauten auf der Suche nach Baumaterial für den eigenen Hausbau.

Im Spätmittelalter begann der Niedergang und Verfall vieler Burgen – das sog. „Burgensterben", das seinen Anfang im 14./15. Jh. hatte. Etwa 50% der um 1300 bestehenden Burgen wurden endgültig aufgegeben. Ursachen waren der wirtschaftliche Niedergang des Rittertums nebst baulicher Vernachlässigung der Burgen sowie politischer Druck expandierender Territorialherren. Zudem verlor die Burg als standesgemäße Behausung des Adels ab dem 15. Jh. Bedeutung zugunsten von Schlössern oder Stadthäusern mit höherem Wohnkomfort. Manche Burgen fanden mit dem 30-jährigen Krieg (1618-48) ihr Ende, andere, etwa im Rheinland, mit den französischen Reunionskriegen gegen Ende des 17. Jh.

Für viele Burgen lässt sich kein konkretes Zerstörungsdatum benennen; sie wurden aufgegeben. Nicht selten wurden Burgruinen zu Steinbrüchen. Unbewohnte, aufgegebene und durch Vernachlässigung baufällig gewordene Burgen wurden von der Bevölkerung der Umgebung – teils mit herrschaftlicher Erlaubnis, teils illegal – zur Gewinnung von Baumaterial abgebrochen. Viele Burgen waren also schon zu Anfang des 16. Jh. baufällig oder Ruinen, doch blieben einstige Burgstandorte – Burgstall genannt – wichtig, da Einkünfte, Rechte und Privilegien an die einstige Burg gebunden waren. Deshalb erlaubten manche Adelige zwar den Abbruch ihrer aufgegebenen Burg, doch mussten dabei Tore und Wappensteine erhalten bleiben.

Vorläufiges Fazit: Die durchschnittliche mittelalterliche Adelsburg in Deutschland war funktional kein „Militärbau", sondern ein mehr oder weniger repräsentativer, allenfalls gegen mögliche Überfälle gleichstarker Standesgenossen gesicherter Wohn- und Verwaltungssitz. Die Adelsburgen waren Wohnsitze von Familien, deren Herrschaftsbasis Grundbesitz/-herrschaft und Lehen bildeten; sie waren Zentren ihrer Politik und Verwaltung und „besetzten" das Umland optisch, doch waren sie nicht – wie oft unterstellt – häufig umkämpfte Wehrbauten.

Eine wichtige Aufgabe der heutigen Burgenforschung ist es, zahlreiche, teils auf das 19. Jh. und die Schauer-Romantik zurückgehende Fehlinformationen über mittelalterliche Burgen zu widerlegen, die sich nach wie vor in der populärwissenschaftlichen Burgenliteratur finden und dem verklärten Mittelalterbild der Romantik entstammen. Nachfolgend werden hier nun gängige Irrtümer zu hoch- und spätmittelalterlichen Adelsburgen (11.-14. Jahrhundert) im heutigen Deutschland widerlegt.

3.2 Angebliche „römische Vorgängerbauten" vieler mittelalterlicher Burgen

Die genaue Gründungszeit der meisten früh- und hochmittelalterlichen Burgen ist unbekannt. Als im Ursprung römisch wurden im 19. Jh. – und von manchen Heimatforschern teils noch immer – viele Burgen bezeichnet, ohne dass dies nachweisbar oder realistisch wäre, wie folgende Beispiele aus der Eifel zeigen: Vielerorts wurde ein „römisches Kastell" oder ein „römischer Wachtturm" als Ursprungsbau einer Burg unterstellt, wie für die Kasselburg, bei der wegen des Burgnamens auf ein römisches Kastell geschlossen wurde, doch gibt es dafür keine Beweise. Nur in wenigen Fällen ist ein römischer Wehrbau auf einem späteren mittelalterlichen Burgberg in der Eifel archäologisch belegt, so auf der *Alten Burg* bei Reifferscheid (AW, RP) und der Burg Insul (AW, RP), beide in der Hocheifel gelegen. Auch Funde römerzeitlicher Ziegel in Burgruinen – etwa in der *Altburg* bei Blankenheimerdorf (EU, NRW) – bezeugen nicht zwangsläufig einen römischen Bau: Sie könnten im Mittelalter durch Ausbeutung römischer Gebäude als wiederverwertetes Baumaterial auf die Burg gelangt sein, wie möglicherweise auf der Tomburg. Hingegen wurde kürzlich archäologisch nachgewiesen, dass die Burg Landshut über Bernkastel/Mosel (RP) tatsächlich über Resten eines römischen Wehrbaues steht, von dem aus ein Flussübergang auf die Eifelseite überwacht wurde.

Die Bertradaburg in Mürlenbach/Eifel (DAU, RP) wurde als Nachfolgebau eines römischen Kastells, „eine der ältesten Burgen im Rheinland" und Sitz der Bertrada, Stifterin des Klosters Prüm (721) bezeichnet, obwohl die Burg erst seit 1331 urkundlich bezeugt ist. Der volkstümliche Name „Bertradaburg" verweist auf eine spätestens ab dem 17. Jd. belegte Sage und die lokale Überlieferung, welche die Burg in einen Kontext mit der Familie und der Person Kaiser Karls des Großen bringt: Die Gründerin der Abtei Prüm, Bertrada, war die Großmutter von Berta, der Mutter Karls, und so wurde gar spekuliert, der spätere Kaiser sei auf der Burg in Mürlenbach geboren.

Doch wie kommt es zu solchen sagenhaften Überlieferungen? Herrscher und Adelige im Mittelalter versuchten, sich historisch zu legitimieren und auf hochrangige Persönlichkeiten der Geschichte wie z.B. Iulius Caesar oder Kaiser Karl d. Gr. zurückzuführen. Dabei kam es vor, dass die eigene Burg durch einen solchen konstruierten Bezug überhöht wurde, wie die über den Ruinen eines römischen Palastes erbaute Burg der Trierer Erzbischöfe in Pfalzel/Mosel (Stadt Trier, RP), die schon vor Jahrhunderten als „Burg des Iulius Caesar" bezeichnet wurde.

3.3 Der Bergfried als „letzte Zuflucht" der Burgbewohner und „Kerker"

Das wohl prägnanteste Herrschaftssymbol der mittelalterlichen Burg war der Bergfried genannte, meist dominierende Hauptturm (s. Kapitel > Bergfried). Nachdem frühe Adelsburgen des 11. Jh. meist ein > Wohnturm prägte, entstanden um/kurz nach M. 12. Jh. erste Bergfriede, die – im Unterschied zu jenen – nicht zum dauernden Bewohnen eingerichtet waren; es gab zusätzlich einen Wohnbau. Bergfriede gab es primär in Mitteleuropa, hingegen kaum in Frankreich und Großbritannien. Diese vom 12. bis zum 14. Jh. in großer Zahl als adelige Machtsymbole auf Burgen erbauten Türme standen anfangs meist frei im Burghof, später dann vielfach an der Zugangs- und Angriffseite einer Burg in Spornlage (> Frontturmburg), um mit ihrer Baumasse dahinterstehende Gebäude zu schützen, aber auch im Sinne einer architektonischen Machtinszenierung am Zugang zur Burg.

Die Nutzflächen der Bergfriede waren meist gering. Über dem unteren, nur durch eine Öffnung im Gewölbe zugänglichen UG lag das von außen über eine Leiter/Treppe oder ein benachbartes Gebäude zugängliche Eingangsgeschoss. Darüber gab es noch ein oder mehrere Geschosse. Eine (Wehr-)Plattform mit Zinnen, und meist mit Dach, schloss den Turm ab. Kamine, Aborte und Wandnischen gehörten zur Ausstattung mancher Türme; ein Raum konnte für den Wächter (*Türmer*) wohnlich eingerichtet sein.

Erst in den letzten Jahren wurde gewürdigt, dass Bergfriede hauptsächlich zeichenhafte Bedeutung hatten und nur selten Wehrbauten mit größere Verteidigungsmöglichkeiten waren. Zu widerlegen ist das Klischee vom Bergfried als „letzter Zuflucht" im Falle der Erstürmung einer Burg, in der die überlebenden Bewohner so lange ausharrten, bis Hilfe kam. Dabei waren die meisten Bergfriede kaum effektiv zu verteidigen: Licht- und Luftschlitze in den Turmmauern wurden als > Schießscharten fehlinterpretiert. Zudem stelle man sich vor, viele Menschen hätten sich gemeinsam in einen Bergfried geflüchtet, mit Lebensmitteln, Wasser und zur Verteidigung benötigten Waffen – darunter > Wurfsteine in größeren Mengen, so ergibt sich bei genauerer Analyse, dass diese Türme kaum dazu eingerichtet waren. Der Burgenforscher Dr. Joachim Zeune bezeichnete Bergfriede als potentielle „stehende Särge" für Flüchtlinge im Turm, die man – wegen der fehlenden effektiven Verteidigungsmöglichkeiten – bspw. durch Ausräuchern hätte einnehmen können. Und doch kam es vereinzelt vor, dass Menschen bei der Erstürmung einer Burg in den Bergfried flohen, doch bringen sich Menschen in Todesngst oft an den unmöglichsten Stellen in (eine scheinbare) „Sicherheit".

Und schließlich sei noch ein Klischee vom Bergfried widerlegt: Das Verlies, der unterste Raum des Bergfriedes, der meist nur über eine Öffnung in seiner (Gewölbe-)Decke, das erwähnte Angstloch, zugänglich war, war nicht per se ein Kerker: Nach Meinung vieler heutiger Burgenforscher handelte es sich eher um Magazinräume. Im Mittelalter wurden gleichrangige Adelige oft gefangengenommen und zur Erpressung von Lösegeld festgesetzt. Solche Gefangenen mussten entsprechend bei guter Verfassung blieben, um sie gegen das Lösegeld freizugeben. Ein solcher Turmraum war dazu sicher nicht der geeignete Platz. Zudem hatten nur wenige Burgherren die hohe Gerichtsbarkeit inne, so dass man auch nicht von „Strafgefangenen" oder „Untersuchungshäftlingen" im Verlies ausgehen kann. Letzteres Argument spricht darüber hinaus gegen die Existenz angeblicher „Folterkammern" in Burgen (s.u.).

3.4 „Pechnasen", siedendes Öl und Pech, heißes Wasser bei der Verteidigung

Die Verteidigungsanlagen mittelalterlicher Burgen wurden von Laien häufig überschätzt, das ergaben aktuelle Forschungen des Europäischen Burgeninstituts (EBI) innerhalb der letzten Jahre noch einmal sehr deutlich, deren Wissenschaftlicher Beirat 2013 und 2015 Kongresse zu neuen Erkenntnissen über Wehrelemente, Angriffs- und Verteidigungsmittel ausschrieb.

Phantasievoll als „Pechnase" oder „Gußerker" werden oft über Toren und an Türmen angebrachte Wehr- bzw. > Wurferker bezeichnet. Sie dienten durch Öffnungen im Boden der Bekämpfung von Feinden durch Steinwürfe und über Toren sicher auch als Kommunikationsöffnungen. Heiße Flüssigkeiten, Pech und siedendes Wasser wurden hier wohl kaum herabgeschüttet: Wasser brauchte man im Belagerungsfall als Trink- und Löschwasser, und um Pech ständig flüssig zu halten, hätten Unmengen an Holz verbrannt werden müssen! In nachmittelalterlicher Zeit gab es dann Wehrerker als Symbole der Wehrhaftigkeit in Miniaturform über Schlosstoren.

3.5 Angebliche Folterkammern

In vielen Burgen werden angeblich „mittelalterliche Folterkammern" präsentiert, bei denen es sich um reine Phanatsieprodukte handelt. Um dies zu erklären, bedarf es eines kleinen historischen Exkurses.

Die Folter gab es im römischen Recht, das sie anfangs nur gegen Sklaven zuließ, seit dem 1. Jh. n. Chr. aber auch gegen Bürger, wenn der Verdacht beispielsweise auf Hochverrat bestand. Im mittelalterlichen *Heiligen Römischen Reich* (*Deutscher Nation*) gab es die Folter ab dem 14. Jh., verstärkt dann seit dem 15. Jh., bis zum Ende des Reiches 1806, d.h., erst nach der eigentlichen Phase des Burgenbaues! Durch Folter erzwungene Geständniss galten als prozessuale Beweismittel, die Anwendung der *peinlichen Frage* (Folter) regelte die ‚Carolina', wie in Abkürzung die ‚*Constitutio criminalis Carolina*' genannt wird, die Kaiser Karl V. 1532 nach dem Vorbild der Bambergischen *Halsgerichtsordnung* als Strafgesetzbuch für die *peinlichen Verbrechen* erließ. Es handelte sich hierbei um die erste reichseinheitliche Regelung von Strafrecht und -verfahren. In einigen deutschen Ländern blieb sie noch bis 1871 in Kraft. Dieser gesamte Komplex hat also mit angeblichen „mittelalterlichen Folterkammern" in Burgen nichts zu tun. Zuvor, im Hochmittelalter, als die meisten Burgen entstanden, hatten nur die sog. weltlichen und geistlichen Großen, also Landesherren, die Hohe Gerichtsbarkeit inne, und die Niedergerichtsbarkeit, die manch (nieder-)adeliger Burgherr ausübte, erstreckte sich nicht auf Leibes- und Todesstrafen.

Doch woher kommt das Klischee von den angeblichen „mittelalterlichen Folterkammern" in Burgen? Seit dem 19./frühen 20. Jh. war es zu einer Historisierung der Folterthematik gekommen, nachdem sich Wissenschaft und (Unterhaltungs-)Literatur mit ihr befassten. Es entstanden Ausstellungen zur Folter in Museen, etwa die „historische und weltbekannte Sammlung der Foltergeräte aus der Kaiserburg in Nürnberg, darunter die berühmte *Eiserne Jungfrau* aus den Beständen des ehrenwerten Earl of Shrewsbury and Talbot", die bereits 1893 in New York aus US-amerikanischem Boden gezeigt wurde.

Die Deutsche Burgenvereinigung (DBV) begegnet dem Klischeebild von der mittelalterlichen Folterkammern in Burgen mit einer Ausstellung von und Dokumentation zu Folterinstrumenten der Frühen Neuzeit in der vereinseigenen, u.a. museal genutzten Marksburg über Braubach am Rhein (EMS; RP). Sie verweist zudem darauf, dass der Raum, in dem die Sammlung präsentiert wird, niemals eine Folterkammer war.

3.6 „Unterirdische Gänge"

„Unterirdische Gänge" verbanden nach örtlicher Überlieferung zahlose Burgen mit anderen Burgen, nahegelegenen Klöstern oder sie sollen „heimliche Fluchtwege" gewesen sein – egal, in welchem Gelände die jeweilige Burg liegt. Tatsächlich wäre die Anlage solcher Gänge im Mittelalter meist technisch kaum möglich, kaum bezahlbar und vor allem überflüssig gewesen. Es wird darauf zurückzukommen sein.

Oft erschließt sich schon aus der Topographie und aus dem Umfeld einer Burg, dass dort – entgegen örtlicher Überlieferung – kein „unterirdischer Gang" existiert haben, wie im Falle des mundartlich *Purzelberg* (Burgstallberg) genannten Burgstalles über Walleshausen (LL, BY). Dieser liegt, durch ein Feuchtgebiet von ihr getrennt, am Rande einer Hochfläche schräg gegenüber der Dorfkirche, mit der er durch einen solchen Gang verbunden sein soll, wie mir Bewohner des Ortes noch 2013 berichteten. Ein Landwirt, der dies hörte, kommentierte: „Da ist kein unterirdischer Gang, da unten ist Sumpf!"

Aus eigener Erfahrung kann ich über einen angeblichen „unterirdischen Gang" bei der Lahneburg (Lönberg, LDK, HE) an der Lahn berichten: Als ich dort 1999/2000 im Auftrag des ‚Büros für Burgenforschung Dr. Joachim Zeune', das dort Bauforschung und eine Notgrabung unternahm, tätig war, stand täglich eine kleinere Gruppe von Rentnern im Bereich der Ausgrabung am ehemaligen Halsgraben, und jeden Tag wurde uns gesagt: „Wenn Ihr noch etwas tiefer grabt, werdet Ihr den unterirdischen Gang finden, in dem wir als Kinder oft gespielt haben." Auf meine Bemerkung „Es gibt hier keinen unterirdischen Gang" hin, wurde mir jeden Tag wieder geantwortet: „Doch. Wir waren ja damals drin." Als wir schließlich die Tiefe von ca. 7 m, in welcher der angebliche Gang liegen sollte, durch Grabung und parallelen Baggeraushub bereits längst überschritten hatten, hieß es plötzlich: „Wir können uns aber noch daran erinnern, dass die Nachbarskinder [!] erzählt haben, sie hätten dort unten gespielt." Soviel zum Thema Zuverlässigkeit von „Zeitzeugen", zum „kollektiven Gedächtnis" und zur Sagenbildung ...!

Der bekannte tschechische Burgenforscher Prof. Tomáš Durdík (1951-2012) berichtete von tatsächlich bestehenden „Unterirdischen Gängen" in böhmischen Burgen, die jedoch erst durch Möchtegern-"Schatzgräber" des 18./19. Jh. geschaffen worden waren. Sagen von „verschütteten, unterirdischen Räumen" in manchen Burgen – und insbesondere in > Burgställen –, in denen etwa ein Schatz (im Linzgau/BW z.B. ein „Goldenes Kegelspiel") verborgen liegt und zu bestimmten Tagen im Jahr unter bestimmten Bedingungen gehoben werden kann, werden zu solchen Schatzsuchen beigetragen haben.

Zu Berichten über unterirdische Gänge werden auch regionale Phänomene wie die im nordöstlichen Alpenvorland verbreiteten, meist nicht ausgemauerten Gänge und Gangsysteme beigetragen haben, die heute als „Erdställe" bezeichnet werden. „Erdställe sind künstlich angelegte unterirdische Gangsysteme. Teils labyrinthisch durchziehen sie Kirchberge, Friedhöfe und den Untergrund alter Siedlungsplätze. Die Bezeichnung Erdstall steht für eine ‚Stelle' in der Erde, ähnlich dem Wort Burgstall, das auf den ehemaligen Standort einer Befestigungsanlage hinweist", ist auf der Nrtzseite des Arbeitskreises für Erdställe zu lesen (http://erdstall.de). Es ist davon auszugehen, das solche Erdställe, die sich auch in Burgbergen finden (z.B. Burgstall Roggenstein in Oberbayern, FFB; Burgstall Julbach in gleichnamigen Ort, Kreis Rottal-Inn, BY) meist nachmittelalterliche Anlagen sind, die vielfach eine prosaische Nutzung als Vorrats- oder Kühlkeller hatten.

4. Burgen-ABC

Die heutige Fachterminologie der Burgenforschung als interdisziplinärer Fachwissenschaft ist nicht identisch mit der mittelalterlichen, teils sehr undifferenziert angewandten Terminologie, die zudem regional sehr unterschiedlich sein konnte. Viele der Fachtermini sind moderne Hilfsbegriffe, die dem Anliegen wissenschaftlicher Kategorisierungen geschuldet sind und die teils in der heutigen Burgen- und Festungsforschung, Archäologie und Kunstgeschichte (die sich bisher kaum ernsthaft mit mittelalterlichen Burgen befasst hat!) verschieden verwendet werden. Insofern sei hier eine launige, jedoch äußerst zutreffende Aussage des wohl reommiertesten europäischen Burgenforschers, Prof. Dr. Werner Meyer (Basel/CH), zitiert, die dieser am 15. März 2015 auf der Tagung des Europäischen Burgeninstituts (EBI) in Göttingen machte: „Mittelalterliche Burgen wurden für ihre Bewohner erbaut, nicht für heutige Burgenforscher!"

Die Inhalte der Artikel zu den einzelnen Fachtermini beziehen sich primär auf Burgen im *Heiligen Römischen Reich* (*Deutscher Nation*), doch galt es, wegen der Einflüsse aus verschiedenen Bereichen Europas und, bedingt durch die Kreuzzüge, aus dem Vorderen Orient, auch auf einzelne Beispiele aus jenen Gebieten zu rekurrieren.

Abschließend bleibt besonders zu betonen, dass es „die" mittealterliche Burg nicht gab. Das Mittelalter währte ungefähr 1.000 Jahre, von etwa 500 bis ca. 1500. In diesem Zeitraum gab es verschiedenste Burgformen, Burgentypen und -funktionen. Eine Großburg der Karolingerzeit um 800 oder eine hölzerne Turmburg des 12. Jh. hat wenig mit einem Festen Schloss der Gotik um 1500 gemein, ebensowenig eine Adelsburg des 14. Jh. in Thüringen oder in der Eifel mit einer der mächtigen königlichen Okkupationsburgen der Engländer in Wales oder eine Johanniter-Ordensburg in der griechischen Ägäis um dieselbe Zeit. Trotz alledem tragen die Typologisierungen der heutigen Burgenforschung, sofern sie nicht zu starr angewandt werden, zum besseren Verständnis des Phänomens des mittelalterlichen Burgenbaus in Europa bei.

Regensburg (BY, D), Baumburger Turm, Patrizierturm (sog. Geschlechterturm) am Watmarkt (historische Ansichtskarte).

A

Abort, der (volkssprachl. „abgelegener Ort"; auch *Abtritt*, *Heimlichkeit*): Einrichtung zur Entsorgung menschlicher Exkremente. Zu unterstellen ist die Verwendung von Nachttöpfen u.ä. in Burgen, doch kamen mit Zunahme des Wohnkomforts A.e in/an Wohnbauten und anderen Gebäuden (Türme, Schildmauern) vor. Zu den frühesten bezeugten gehören verschiedene A.e in Burg Broich (NRW), 9. Jh. An manche > Wohntürme der Salierzeit waren große A.-Vorbauten mit Fallschächten angefügt (Klingenmünster/Pfalz: *Schlössel*); es gab sie auch an Burgen des 11. Jh. an der Ringmauer-Feldseite. Seit 12./13. Jh. baute man öfter einfache A.e mit schrägem Schacht in der Mauerstärke (Arbon/CH: Wohnturm) und Aborterker, doch kamen aufwendige, mehrstöckige A.e mit Fallschacht (und vereinzelt mit „Wasserspülung") auf Königs- oder Hochadelsburgen vor (Trifels/Pfalz). Die Schächte konnten durch eine Öffnung knapp über dem äußeren Bodenniveau entleert werden (Nürburg/Eifel, Hauptturm) oder sie führten in eine Sickergrube. Im Spät-MA besaßen viele Bauten in Burgen A.e mit Sitzbrett (Langenau/Lahn, Schildmauer); es gab A.e in > Bergfrieden, an der > Ringmauer, in > Schildmauern und in Wohnbauten. Aus Aborterkern (aus Stein oder Holz) fielen die Exkremente frei nach unten, nur selten in ein fließendes Gewässer. Teils waren im Spät-

Schloss Glücksburg (SH, D), ein Festes Schloss der Renaissance (16. Jh.) mit diversen Aborterkern (aus: Blaue Bücher 1913).

Adel **19**

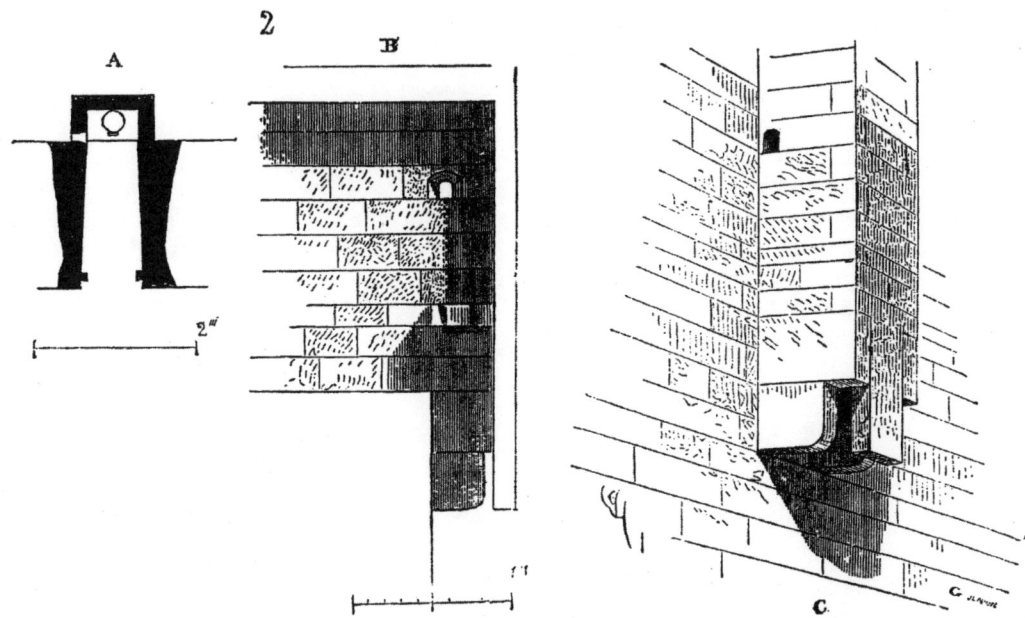

Burg Landsberg (F) im Elsass. Aborterker, Grundriss (A), Schnitt (B) und Außenansicht (C) (aus: Eugène Viollet-le-Duc: Dictionnaire raisonné de l'architecture française du XIe au XVIe siècle, 1854-68).

MA hölzerne Fallschächte unter Aborterker gesetzt. Sehr selten waren Aborttürme (> Dansker an Deutschordensburgen in Preußen). Seit der FN waren Aborte in D fester Bestandteil von Schlössern. Meist lagen sie nahe von Treppen oder Appartements.

Aborterker > Abort; > Erker

Abortschacht > Abort

Abschnittsburg (> Burgentypologie: topographischer Typus): Verschiedene Formen von Abschnittsbefestigungen sind in Gebirgen und Hügellandschaften bereits in großer Zahl für ur-/frühgeschichtliche Zeit nachweisbar, oft als Spornbefestigungen (> Spornburg). Ideal bei der Spornlage war, je nach Gelände, die Ausnutzung des natürlichen Steilabfalls auf 2 (bei Dreieckform) bis 3 (Viereckform) Spornseiten; nur die 3. bzw. 4., bei einem Angriff besonders gefährdete Seite (> Angriffseite) wurde meist aufwendiger befestigt, oft mit einem Abschnittswall, dem vielfach ein (Abschnitts-)Graben vorgelegt war. Unter frühma. Befestigungen (7.-10. Jh.) gab es zahlreiche A.en. Besonders große A.en besaßen teils eine aus mehreren Abschnittswällen/–gräben bestehende Befestigung (*Schloßberg* b. Schiggendorf, FN). Prinzipien der A. blieben für > Frontturm- und > Schildmauerburg verbindlich. – Eine A. konnte auch abseits eines Spornes inmitten eines Höhenzuges liegen. Sie musste dann auf 2 Seiten besonders gesichert werden.

Abschnittsgraben > Abschnittsburg; > Graben

Adel: Zu Beginn des MA gehörten zum Stand der freien Grundbesitzer außer dem König,

Herzögen, Hausmeiern, Grafen und Bishöfen auch freie Bauern; daneben gab es Hörige und Unfreie. Im fränkischen Reich bestanden Gaue, innerhalb dieser Grafschaften, kleinere, von Grafen als königlichen „Beamten" geleitete Verwaltungseinheiten. Den Grafen oblagen zivile (Verwaltung, Justiz, Friedenswahrung) und militärische Aufgaben (Heeresaufgebot). Als „Beamte" wurden sie vom König in ihr Amt eingesetzt; anders als im Hoch-MA konnte es bis ins 10. Jh. nicht vererbt werden. Doch als das fränkisch-karolingische Königtum an Macht verlor, gelang es einigen hochadeligen Geschlechtern, das Grafenamt über mehrere Generationen zu wahren. – Bis zum 11. Jh. entwickelte sich aus der Schicht des Adels/der Edelfreien der sog. Reichsadel, den der König zu bestimmten Diensten heranzog. Mit der sukzessiven Inanspruchnahme von Hoheitsrechten und ihrer Weitergabe innerhalb einer Familie entstand eine kleine Gruppe von Dynastenfamilien, deren Angehörige in ma. Urkunden *princeps* (Fürst) genannt wurden und an der Spitze des Adels standen. Ab etwa 1180 gab es einen Reichsfürstenstand, seitdem konnten Grafen und andere Adelige nur noch vom König zu Fürsten erhoben werden. Um 1250 gab es 38 Fürsten im Reich. Kaiser Friedrich II. erließ die Fürstengesetze (1220, 1231), die einen Verzicht des Königtums auf einige wichtige Hoheitsrechte (Geleit-, Münz-, Zollregal) zugunsten der kirchlichen und weltlichen Reichsfürsten brachten. Auch das Befestigungsrecht (Burgen- und Städtebau) ging nun de jure vom König auf die Fürsten über. – Als Träger ritterlich-höfischer Kultur in Deutschland gelten die > Ministeriale, die meist dem Stand der Unfreien entstammten, in den Verwaltungs-, Kriegs- oder Hofdienst bei einem höherrangigen Herrn gingen und die – teils erst in den folgenden Generationen – in den Adelsstand aufstiegen. Nachdem in Urkunden urspr. Edelfreie (*nobiles*) und Ministeriale (*ministeriales*) unterschieden wurden, findet sich ab dem 13. Jh. zunehmend der Begriff *miles* (Ritter, Krieger) für beide. Die Grenzen verschwammen auch dadurch, dass häufiger Edelfreie in die Ministerialität eines Grafen oder Reichsfürsten eintraten, da ihnen der Dienst für eine mächtigere Dynastie eine größere soziale Sicherheit brachte.

Adelsburg (> Burgentypologie: funktionaler Typus): Die heutige Burgenforschung nennt den mehr oder weniger wehrhaften, repräsentativen Adelswohnsitz des 11.-15. Jh. in (Mittel-)EU A. (früher > „Ritterburg"). Sie war Wohnsitz einer Adelsfamilie, deren Herrschaftsbasis Grundbesitz/-herrschaft und Lehen bildeten, sie war Zentrum ihrer Politik und Verwaltung, „besetzte" das Umland optisch und zeigte, wer im Lande herrscht. A.en waren, entgegen der Einschätzung vieler Burgenforscher des 19. Jh., keine oft umkämpften Wehrbauten, die ihr Umland militärisch „beherrschten". – Noch im 10./11. Jh. wohn-

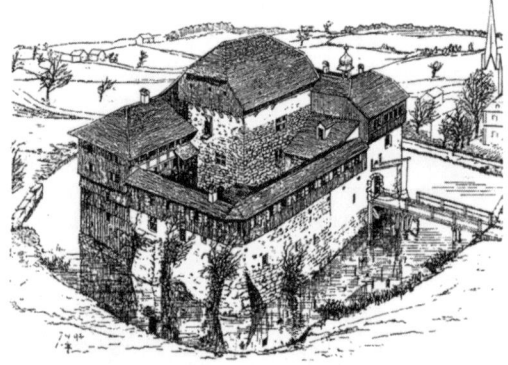

Burg Hagenwyl (TG, CH), eine spätmittelalterliche Adelsburg als Wasser- bzw. Niederungsburg in Hanglage (aus: Piper ³1912).

te der Adel offenbar meist auf Herrenhöfen. Umgeben von Palisaden standen eingeschossige, ein- bis 2-räumige Holz- oder Steinhäuser. Schwäche der königlichen Zentralgewalt, Unsicherheit im Reich und wachsender Repräsentationswille führten dann dazu, dass um 900 Dynasten verstärkt Wohnsitze auf Höhen bauten. Der Wende 9./10. Jh. entstammen älteste erforschte adelige > Höhenburgen. Um 1000 existierten viele A.en als repräsentativ-wehrhafte Wohnsitze. Anfangs waren Höhenburgen quasi auf Höhen versetzte Herrenhöfe, wie Burg Salbüel/CH, mit Holzgebäuden des späten 10.-12. Jh. Eine Palisade umgab oval ein Hallenhaus, ein Grubenhaus und Nebengebäude. Um 1000 entstanden Burgen mit steinernem Wohnturm; diesen und weitere Bauten umgab eine Ring-

Schlössel bei Klingenmünster/Pfalz (RP, D). Schema der Turmburg (aus: Hartung 1967).

mauer. Etwa zeitgleich wie die > Turmburg verbreitete sich die > Motte. Motte und Turmburg verfügten über eine > Vorburg mit Wirtschaftsbauten. Das Grundmodell der A. war so ausgeprägt. Neben dem Hochadel bauten ab dem 11. Jh. Edelfreie, Niederadelige und Ministeriale Burgen: Der Ritterstand zeigte seinen gesellschaftlichen Rang durch eine Burg als Statussymbol. Burgen aufstrebender Ministerialen der Stauferzeit glichen teils Grafenburgen. Bauplätze waren Berggipfel oder -sporne; im Flachland entstanden > Wasserburgen. Prägnantes Herrschaftssymbol war der > Bergfried, der dominierende Hauptturm; er löste den > Wohnturm ab M. 12. Jh. ab. Daneben war ein Wohnbau oder > Palas Bestandteil einer A. Eine > Ringmauer bzw. einzelne Gebäude verbindende Wehrmauern umschlossen die Burg. Ein Mauertor, ein mehr oder weniger wehrhafter, repräsentativer Torbau/-turm bildete den Zugang. Äußere Gräben sicherten die A. zusätzlich. Meist war deren Grundriss dem Gelände angepasst. Was eine Burg ist, definierten Rechtsbücher, schriftlich fixierte Sammlungen älterer Gesetze (Sachsen- und Schwabenspiegel). In ihnen war festgelegt, wie tief z.B. ein Graben, wie hoch eine Mauer sein durfte.

Ährenmauerwerk > Fischgrätmauerwerk

Allod, Allodium: Adeliger Eigenbesitz (s.a. > Lehensburg).

Altan (ital. *altana*: Balkon): Eine > Plattform im Freien, über obere Stockwerke eines Gebäudes erreichbar; auch ein offener oder überdeckter Sommerwohnraum (> Söller). Im Unterschied zum Balkon tragen den A. ein darunterliegendes Gebäude, Pfeiler oder Säulen.

Amtsburg (Burgentypologie: funktionaler Typus): Burg (> Landesburg), die von einem Amtmann im Auftrag des Landes- bzw. Territorialherrn verwaltet und bewohnt wurde. Im Spät-MA und besonders in der FN wandten Landesherren oft nur noch wenig Geld zum Unterhalt von A.en auf, die mancherorts zunehmend verfielen (Nürburg/Eifel, kurkölnisch, ab 16. Jh.). Manche Amtmänner verlegten daher ihre Amtssitze in den Ort am Fuß des Burgberges oder in eine nahegelegene Stadt.

Angriffseite

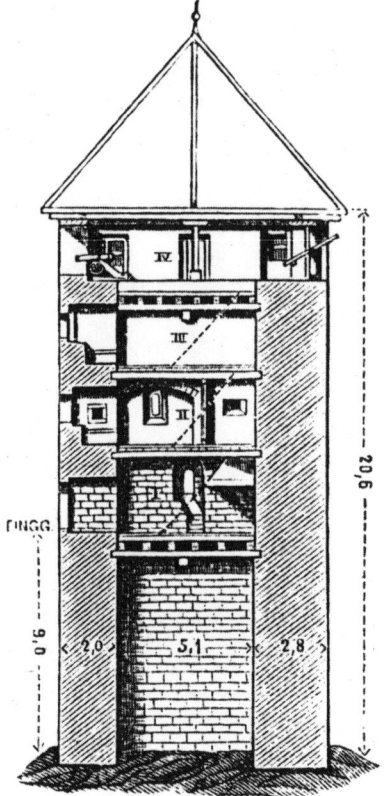

Burg Hohenklingen über Stein am Rhein (SH, CH). Wohnturm mit zur Angriffsseite stärkerer Außenmauer: Schnitt (2a) und Grundriss (2b) (aus: Deutsche Bauzeitung 1885).

Angriffseite: Die potentiell feindlichen Angriffen besonders ausgesetzte(n) Seite(n) einer Befestigung, bei einer > Spornburg etwa das anschließende Gelände des Höhenzuges, bei einer > Hangburg der überhöhende Berghang. Der Begriff ist irreführend, da auch die übrigen Seiten der Burg potentiell Angriffen ausgesetzt waren.

Angstloch: Durchgangsöffnung im Gewölbe eines > Bergfrieds bzw. Turmes zwischen UG und 1. OG, meist in der Gewölbemitte, teils in einer Ecke. Das A. wird mancherorts *Hungerloch* genannt; beide Benamungen mögen mit Fehleinschätzung der Bergfried-UG als Kerker (> Verlies) zusammenhängen. Da Bergfriede meist nur über einen > Hocheingang zugänglich waren, war der Zugang ins UG über eine Leiter oder ein an einem Seil hängendes Reitholz möglich.

Ansitz, der: In Österreich (Tirol) und im dt.-sprachigen Alpenraum (v.a. Südtirol) teils Synonym für Niederadelssitz (vgl. > Freisitz), doch sind die Definitionen in Kunstwissenschaft und Landesgeschichte nur z.T. deckungsgleich, denn die Forschung zu A.en, die in (Süd-)Tirol als ein „prägendes Ele-

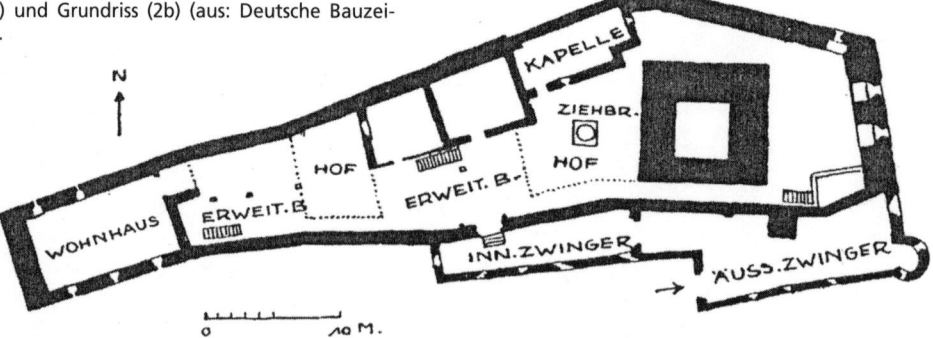

Burg Hohenklingen über Stein am Rhein (SH, CH). Grundriss. Ringmauer und Wohnturm in Frontstellung weisen zur Angriffsseite stärkere Außenmauern auf (aus: Reisser 1926).

Antwerk 23

Schönburg bei Oberwesel (RP, D) am Mittelrhein. Schildmauer (sog. *Hoher Mantel*, > Mantelmauer), 14. Jh., gegen die Angriffsseite schützte die Burg gegen das überhöhende Gelände im Vorfeld (historische Ansichtskarte).

ment der Kulturlandschaft", gelten, steht noch am Anfang. Weder wurden ihre Spezifika umfassend erforscht, noch der Bestand vollständig erfasst (ähnlich wie bei den > Burghäusern, z.B. im Rheinland).

Antwerk, das: Im Sinne von „Gegenwerk" bzw. „-geräte" Sammelbezeichnung für die bei > Belagerungen im MA eingesetzten Geräte und Maschinen; im Spät-MA auch *Zeug* gen. (> Zeughaus). Bei einer Belagerung konnten, je nach Größe und Bedeutung des angegriffenen Objektes sowie Stärke und Ausstattung der Angreifer, verschiedenste Geräte zum Einsatz kommen. Neben gängigen Distanzwaffen (Armbrust, Bogen – mit letzterem konnten Brandpfeile verschossen werden –, Sturmleitern, Brandsätzen) gab es spezielle Belagerungsgeräte, z.B. *Katzen*, fahrbare hölzerne Hütten zur gedeckten Annäherung, durch feuchte Häute oder Bleche gegen Brandgeschosse der Verteidiger geschützt. Im Schutz der *Katzen* konnten Arbeiten zur Mauerzerstörung ausgeführt werden. Wenn der Burg-/Stadtgraben überwunden war, konnte **Stoßzeug** zum Einsatz kommen, etwa der **Ramm-/**

Antwerk

Belagerung einer befestigten Stadt im 12./13. Jh. mit verschiedenem Belagerungsgerät. Freie, idealtypische Rekonstruktion des 19. Jh., in Details ungenau. Zeichnung von Eugène Viollet-le-Duc (1814-79).

Belagerung einer Burg mit Geschütz. Nach Kupferstich von I. Meckenem (um 1450-1503) (aus: Piper [3]1912).

Einsatz einer Blide beim Kampf um eine Burg. Umzeichnung nach einer hochmittelalterlichen Darstellung (aus: Piper [3]1912).

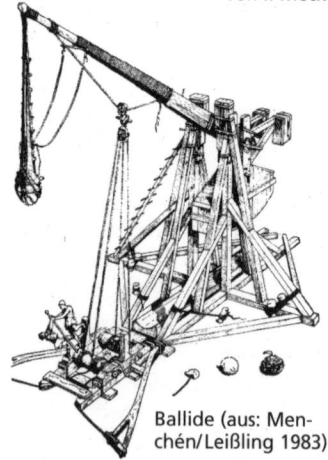

Ballide (aus: Menchén/Leißling 1983).

Einsatz einer Büchse (sog. Liegestück) hinter einem hölzernen Schutzschild. Umzeichnung einer spätmittelalterlichen Darstellung (aus: [3]1912).

Sturmbock (*Widder*) mit einem waagerecht aufgehängten, an der Spitze möglichst eisenbeschlagenen Baumstamm oder Balken, der gegen Palisaden und Mauern geschwungen wurde, um sie zu durchschlagen. Zur Zerstörung von Mauern wurde auch **Wurfzeug** (u.a. ***Blide***, ***triboc***) eingesetzt, mit dem 25-75 kg schwere Steinkugeln 300-500 m weit geschleudert werden konnten. 1212 belagerte Kaiser Otto IV. Stadt und Burg Weißensee/TH; dabei kam ein *triboc* zum Einsatz, der mit Hilfe eines Gegengewichtes bis zu 75 kg schwere Steinkugeln über ca. 400 m schleuderte. Die Burg konnte trotz des Einsatzes der von Zeitzeugen als *instrumentum diabolicum* bezeichneten Waffe gehalten werden.

Bis zum Beginn der FN kamen größere Wurfmaschinen – nicht selten neben Feuerwaffen (Mägdeberg/Hegau 1378; Tannenberg/HE 1399) – zum Einsatz. Neben dem großen *Wurfzeug* gab es die leichteren, nicht zum Beschuss von Mauern geeigneten **Mangen**, mit denen kleinere Steine geschleudert werden konnten. Sie galten als recht treffsicher.

Außer Steinen verschoss man mit Wurfmaschinen, so Schriftquellen, Fäkalien, Aas, Leichen (während Pestepidemien im Spät-MA), getötete Feinde oder deren Köpfe (Birgu/M 1565), Abfälle oder Bienenstöcke, um Krankheiten zu verursachen und Verteidiger zu demoralisieren. Bei der Belagerung der Burg Karlstein/CZ 1422 brachten die Hussiten Kloakenkot aus Prag und warfen ihn in die Burg. Mit ungelöschtem Kalk versuchte die Besatzung, die Infektionsgefahr zu reduzieren.

Mancherorts wurden Mineure zum Bau von **Belagerungsstollen** eingesetzt (Desenberg/NRW 1168). Hohlräume, von außen unter die Burg vorgetrieben, brachte man zum Einsturz, um darüberstehende Mauern und Gebäude zu zerstören (Nellenburg/Hegau 1291; Alt-Windstein/Vogesen 1332).

In Mittel-EU selten waren hölzerne, fahrbare **Belagerungstürme** (*Wandelturm*, *Ebenhoch*), wie sie bei großen Belagerungen mancherorts zum Einsatz kamen, um Verteidiger aus einer überhöhten Stellung zu bekämpfen. Es sind Fälle bekannt, in denen Heere vorgefertigte Teile von Belagerungstürmen mitführten. Neben fahrbaren gab es stationäre Belagerungstürme (Birgu/M 1565) (vgl. > Belagerungsburg).

Bei aufwendigen langen Belagerungen erbauten Angreifer manchmal in Sicht- und Schussweite **Trutzburgen** aus Holz und Erde (Thurant/Mosel 1246-48; Rheinberg/Wispertal 1279/80; Hohenfels/HE 1351) oder in Stein, so Burg *Trutzeltz* beim Angriff auf Burg Eltz 1331/36; letztere umfasste einen > Wohnturm und hatte über das Belagerungsende hinaus Bestand. T.en sollten die belagerte Burg abriegeln. Von ihnen aus konnte jene oft auch direkt beschossen werden. Dabei kamen Bliden zum Einsatz, wie Namen mancher Belagerungsburgen belegen (Bleidenberg b. Thurant/Mosel; Blideneck b. Rheinberg). Im Spät-MA entstanden mit Geschützen bestückte **Belagerungsschanzen** (Hohenkrähen/BW 1512).

Älteste bekannte Nachweise für den Einsatz von **Feuerwaffen** in EU stammen aus dem 1. V. 14. Jh. Noch vor Einsätzen in Feldschlachten wurden sie offenbar zu Belagerungen genutzt. Bei der Belagerung von Meersburg/BW 1334 war der psychologische Effekt höher als der militärische; wie Zeitgenossen berichten, fielen *viele Menschen beiderlei Geschlechts beim Hören des Schusses halbtot und ohnmächtig auf die Erde*. Nach 2-wöchiger Belagerung nahmen Truppen der schwäbischen Reichsstädte 1378 Burg Mägdeberg/BW ein. Wurfmaschinen und Steinbüchsen – eiserne Kugeln kamen um 1415 auf – fanden Verwendung. Die Stadt Konstanz besaß als eine der ersten Städte solche Waffen. Am Oberrhein lag ein Zentrum der Steinbüchsenherstellung. Bald nach der Eroberung von Mägdeberg wurden solche Büchsen im Krieg Venedigs gegen Genua eingesetzt. Die Möglichkeit, mit Kanonen schwere Kugeln mit bis dahin unvorstellbarer Kraft und Zielgenauigkeit zu schießen, befähigte Angreifer ab dem Spät-MA, bei günstiger Schussposition Mauern zu zerstören, was bis dahin nur beschränkt möglich war. Gegen Feuerwaffen versuchte man sich ab dem 15. Jh. durch > Festungen zu schützen.

Eine wichtige Verteidigungswaffe blieben bis mindestens ins 17. Jh. > **Wurfsteine**. Auch Dachziegel, Balken etc., waren bei entsprechender Abwurfhöhe tödliche Geschosse. Viele Angreifer wurden noch in der FN „erworfen".

Stadtbefestigung Rhódos (Insel Rhódos, GR). Eingemauerte Kanonenkugel (Foto: M. Losse).

Apotropäon (griech. *apotropaion*): Unheilabwehrende/r Darstellung/Gegenstand, auch für Amulett (lat. *amuletum*); seit frühesten historischen Zeiten angewandt. In heidnische Zeit zurückreichend, findet sich das figürliche A. in D nachweislich ab 10./11. Jh. an Sakral- und Profanbauten, vermutlich zur Abwehr böser und Bindung guter Kräfte. Insbesondere im Eingangsbereich, oft über Toren/Türen, wurden Schreckgesichter, Neidköpfe, Wärterfiguren etc. angebracht. Im Spät-MA und in der FN wurden mancherorts frühe Maulscharten als Fratzen mit aufgerissenem Maul gestaltet (Burg Neudahn/Pfalz; Wittlich/Eifel, Stadtbefestigung). Der konkrete Sinn eines A.s ist meist nicht zu erschließen, doch ist bekannt, dass etwa der Anblick des Hl. Christophorus vor plötz-

Burg Ortenberg (HE, D). Neid-/Wächterfigur, vermutlich romanische Skulptur an der Südseite des Schlosses (aus: Wagner 1890).

Burg Neudahn in der Pfalz (Dahn, RP, D): Maulscharte mit Rahmung in Form einer Fratze (aus: Piper ³1912).

Stadtbefestigung Senglea (M). *Vedette* mit Augen und Ohren als Zeichen der Wachsamkeit und des symbolischen Schutzes (Foto: Malta Tourist Authority).

Apsis 27

Stadtbefestigung Überlingen (FN, BW, D) am Bodensee. Der Christoph-Torturm zeigte an der Innenseite zur Stadt eine überlebensgroße Darstellung des Hl. Christophorus (aus: Telle 1928).

Stadtbefestigung Rhódos (Insel Rhódos, GR). Heiligenrelief über dem D'Amboise-Tor als Apotropäon (Foto: M. Losse).

lichem Tod an jenem Tage bewahren sollte; er wurde v.a. im 15./16. Jh. oft riesengroß an Kirchenwände und vereinzelt auf Burgtürme gemalt. Eine besondere Form des A.s stellen in Außenwände eingemauerte Kugeln dar, welche einerseits der Gefahrenbannung, andererseits der Darstellung der Mauerstärke und der Vergeblichkeit des Beschusses dienten (Rhódos/GR).

Apsis, die: Halbrunder oder polygonaler Abschluss eines Raumes, insbesondere des Altarraumes (Chor) einer Kirche oder Kapelle.

Burg Schwarzrheindorf (Bonn-Schwarzrheindorf, NRW, D). Doppelkapelle, rechts die Apsis (aus: Bock 1868/75).

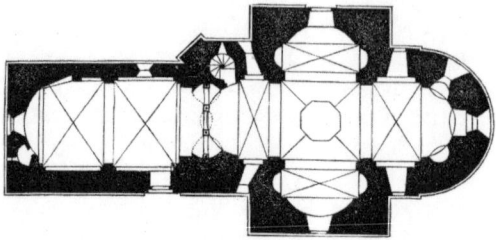

Burg Schwarzrheindorf (Bonn-Schwarzrheindorf, NRW, D). Doppelkapelle, Grundriss (aus: Bock 1868/75).

Ausfall: Im Falle einer Belagerung (v.a. im Festungskrieg, in der Zeit der Stadt- und Fortfestungen des 19. Jh.) der für die Belagerer unvorhergesehene Angriff einer belagerten Besatzung, der aber auch durch Tore erfolgen konnte. Bestimmend für den A. war der Überraschungseffekt, d.h. die Vorbereitung des A.es musste gut vorbereitet und geheim gehalten werden.

Ausfallpforte > Poterne

Außenschale > Zweischalenmauerwerk

Außenwerk (nicht zu verwechseln mit > Vorwerk): Verteidigungswerk vor der (Haupt-)Mauer bzw. -Umwallung einer Befestigung. A.e waren alle zwischen Umwallung und > Glacis (oft im Graben) liegenden Befestigungswerke wie > Ravelin, Demi lune (> Halbmond), > Kaponniere und – bei der entwickelten Bastionärbefestigung – Grabenschere (> Tenaille), Hornwerk, Kronwerk etc. A.e mit niedrigen Mauern oder Wällen lagen im Graben vor > Kurtinen, Türmen oder > Bastionen, um deren Beschuss, und damit deren Breschierung (> Bresche) – bzw. eine solche der Eskarpenmauern bzw. Wälle –, zu verhindern. Erst nach dem MA erfolgten zusammenhängende oder nur durch schmale Lücken voneinander getrennte Anordnungen von A.en um eine oder mehrere Fronten herum.

B

Balmburg > Höhlenburg

Barbakane: Eine dem > Tor als beim Angriff besonders gefährdetem Bereich vorgelegte, von Tor und > Ringmauer teils oder ganz separierte Wehranlage (Vortor), meist jenseits von > Zwinger und > Graben. Im engl. Sprachgebrauch bezeichnet *barbican* auch Torzwinger (> Zwinger), die mit der Haupt-

Stadtbefestigung Krakau (PL). Barbakane, 1498-99 (aus: Ebhardt III 1958).

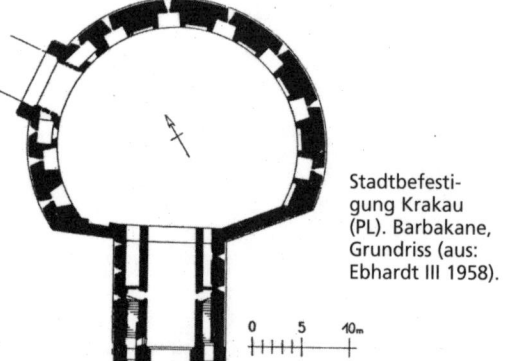

Stadtbefestigung Krakau (PL). Barbakane, Grundriss (aus: Ebhardt III 1958).

umwallung bzw. > Ringmauer im Verband stehen (Rhódos/GR, Stadtbefestigung) oder allgemein ein befestigtes äußeres Torhaus. – Die B. ist eine angeblich aus dem Orient eingeführte Form eines selbständigen > Außenwerkes, bei dem der Zugang an der Mauer entlang und dann abzweigend zum Tor führte, um so Angreifer von der Wehrmauer aus längs und sodann vom Tor her bekämpfen zu können (Krakau/PL; Burg Schweinsberg/HE, um 1500).

Bastei, die: Der v.a. von Laien in der Burgen-/Festungsforschung oft undifferenziert genutzte Begriff bezeichnete in der militärischen Fachsprache des 19. Jh. Albrecht Dürers (1471-1528) „aus dem Thurm der alten Stadtbefestigung für die Geschützaufstellung umgestaltetes geräumiges Hauptwerk der Front" (Frobenius, Militär-Lexikon 1901, 56), d.h. das von der modernen Festungsforschung als > Rondell bez. Werk. Im Spät-MA und in der FN wurde der Begriff ebenfalls weitgehend undifferenziert genutzt (1495/96 der Turm St. Nikolaus der Hafenbefestigung von Rhódos/GR als *grosser starcker Thurn gemacht in Pasteys weise* bezeichnet).

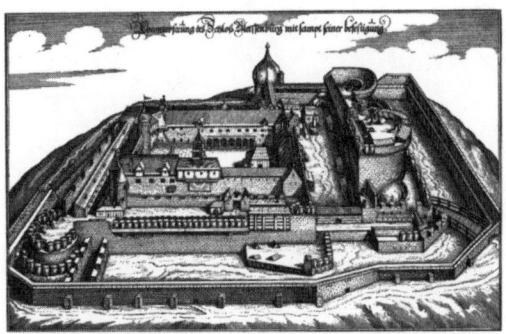

Plassenburg bei Kulmbach (BY, D). Zustand vor der Zerstörung von 1554 mit der großen 'Bastei' rechts (Kupferstich aus: Merian, Topographia Franconiae, ²1656).

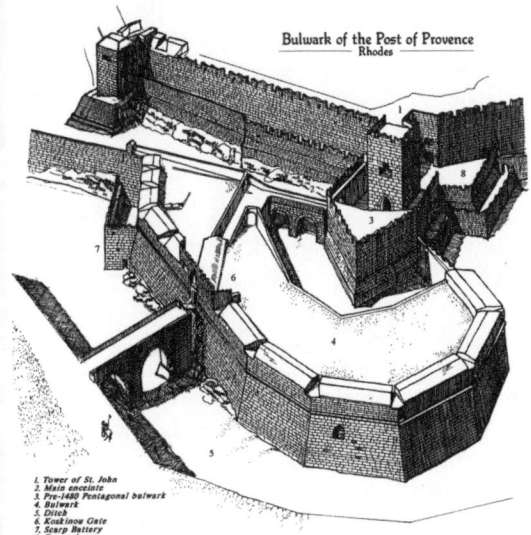

Bastei oder Bollwerk? Stadtbefestigung Rhódos (Insel Rhódos, GR). Befestigung vor dem Koskinou-Tor (Zeichnung von/aus: Spiteri 1994).

Bastion, die: Im Grundriss 5-eckiges Werk, flankierend vor die > Kurtine oder Polygonecke ausspringend. Die B. war die bedeutendste Innovation im Wehrbau gegen E. des MA (15./16. Jh.): Statt > Flankierungstürmen oder > Rondellen wurden nun unregelmäßig polygonale (Rhódos/GR) und schließlich 5-eckig vor Wehrmauer oder Wall vorspringende, aber damit im Verband stehende Werke erbaut, die, systematisch angelegt, tote Winkel bei der Verteidigung reduzierten und der Aufstellung von Geschützen dienten. Die mit drei Winkeln ausspringende B setzt sich zusammen aus 2 Flanken und 2 Facen (Voll-B.; bei nur einer Face: Halb-/Demi-B.). Face (Gesichtsseite) heißen dem Vorfeld direkt zugewandte Außenseiten der B., Flanke heißen die Seiten der B. zwischen anschließender Kurtine und Face. Die Flanke war bei frühen Festungen manchmal eingezogen und (teils mehrstöckig) kasemattiert. B.en konnten massiv oder kasemattiert, gemauert oder aus Erde aufgeworfen sein. Erste B.en entstanden kurz vor 1500 an Wehrbauten im heutigen Italien (Brolio 1484; Poggio Imperiale 1487) und im Johanniter-Ordensstaat in der Ägäis,

30 Bastion

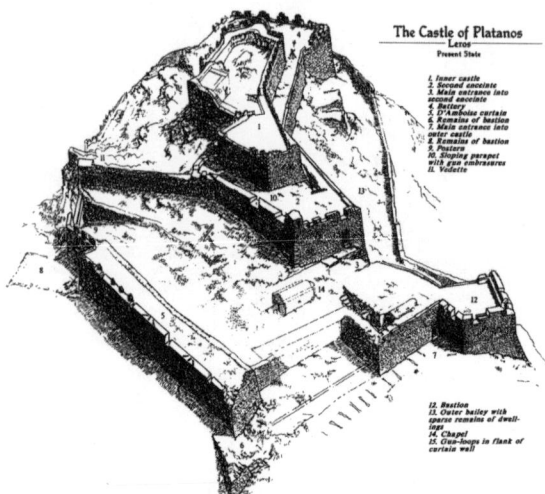

Kástro tís Panajías bei Plátanos (Insel Léros, GR) mit sehr früher Bastionärbefestigung, wohl E. 15. Jh. (Zeichnung von Dr. Stephen C. Spiteri (aus Spiteri 1994).

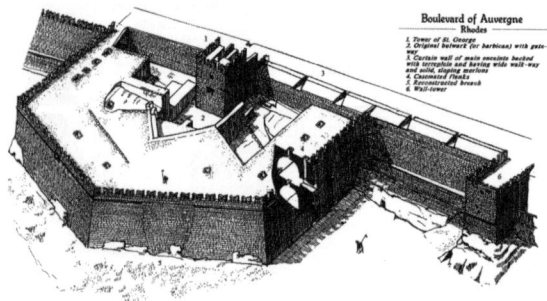

Stadtbefestigung Rhódos (Insel Rhódos, GR). Bastion St. Georg. Zeichnung von Dr. Stephen C. Spiteri (aus Spiteri 1994).

Wülzburg in Franken (BY, D). Bastionierte pentagonale Bergfestung (Kupferstich aus: Merian, Topographia Frankoniae, ²1656).

offenbar meist von italienischen Ingenieuren entworfen (Kástro b. Plátanos/Insel Léros, GR, E. 15. Jh., noch turmartig; Rhódos/GR, Stadtbefestigung, B. St. Georg). Im 16. Jh. sind B.en in D bezeugt (Nürnberg, um 1538; Germersheim/RP, Planung). B.en wurden bald systematisch, v.a. bei Neubauten errichtet, doch gab es im 16./18. Jh. einzelne, an Befestigungen angebaute B.en und bastionsartige Werke. An Renaissance und Barock-Schlössern wurden B.en häufiger als Bedeutungsträger mit nur sehr eingeschränktem Verteidigungswert erbaut. – Der in der älteren Literatur verwendete Begriff Rund-B. für halb- bis 3/4-runde > Rondelle wird von der heutigen Festungsforschung abgelehnt.

Batterieturm: Häufig genutzte, jedoch ungenaue Bezeichnung für > Geschützturm und auch > Feuerwaffenturm; von der neueren Burgen- und Festungsforschung meist abgelehnt.

Belagerung (s.a. > Antwerk; > Belagerungsburg): Burgenkundler des 19. Jh. interpretierten ma. Burgen fälschlich als oft umkämpfte, ihr Umland militärisch „beherrschende" Wehrbauten. Die neuere Burgenforschung wies nach, dass normale > Adelsburgen in Mittel-EU lediglich mehr oder weniger wehrhafte Wohnsitze des Adels mit hohem Symbolgehalt waren, die im MA überwiegend keine B erlebten. Der ruinöse Zustand vieler Burgen geht nicht auf Kriegszerstörung zurück: sie verfielen oder wurden in der (Frühen) Neuzeit abgebrochen. Doch kam es durchaus zu B.en. Berichte über B.en

Belagerung einer Motte, Darstellung auf dem Wandteppich von Bayeux, spätes 11. Jh. (Umzeichnung aus: Piper ³1912).

Kampf um eine Burg. Umzeichnung einer hochmittelalterlichen Darstellung (aus: Piper ³1912).

königlicher Landes- sowie Dynastenburgen liegen für das 10./11. Jh. vor (906 Theres; 954 Roßtal; 1003 Oberammerthal, alle BY; Chèvremont B 922, 939, 959; Hammerstein/Rhein 1020). Erfolglos war die B. der Befestigung auf dem Hohentwiel/Hegau 915. Mehrere Burg-B.en zeigt der berühmte, im späten 11. Jh. entstandene Wandteppich von Bayeux, dessen Bilderzyklus die Eroberung Englands durch Normannen bis zur Schlacht bei Hastings schildert. Für die Zeit ab dem späteren 11. Jh. gibt es zunehmend Berichte über Burg-B.en. Zahlreich waren sie im Spät-MA und zu Beginn der FN. Überregional bekannt wurden die erfolgreichen B.en der Burg Hohenkrähen/Hegau 1512 durch den Schwäbischen Bund sowie jene der Burgen Nannstein und Ebernburg des „Letzten Ritters", Franz v. Sickingen 1523 (Sickinger Fehde). Der psychologische Faktor gehörte zu den wichtigsten Aspekten jeder B. Bisweilen ergaben sich Belagerte, obwohl genügend Waffen und Proviant vorhanden waren. Die dauerhafte Ungewissheit über den nächsten Angriff, die Befürchtung, dem Aushungern zu erliegen, waren Gründe. Stark variierte die Länge von Burg-/Stadt-B.en: Die Verteidiger der Burg Nannstein übergaben diese 1523 nach 9 Tagen; die Besatzung der Burg Rheinsberg hielt sich 1279/80 fast ein Jahr, die der Burg Thurant/Mosel 1246-48 etwa 2 Jahre. Nur wenige Burgen hielten einer förmlichen B. stand

(Weißensee/TH 1212; Rheinfels 1255). – Ma. Burg-B. lassen sich mit neuzeitlichem Strategiedenken nicht erklären. Zwar waren Okkupations- und Garnisonsburgen ebenso wie viele befestigte Städte militärische Stützpunkte, anders die einfache > Adelsburg. Beim Angriff auf eine solche galt es weniger, sie als militärischen Stützpunkt zu gewinnen, als vielmehr an die Burg gebundene Rechte mit Gewalt zu erlangen oder Herrschafts-/Verwaltungsstrukturen des Gegners auszuschalten. Einen großen Symbolwert – einem „Bildersturm" vergleichbar – hatte das Erobern und „Brechen" von Burgen: Die Burgruine im Landschaftsbild war ein augenfälliges Zeichen für die Macht der Sieger und die Ohnmacht der Unterlegenen, so, als die Eidgenossen im Schweizerkrieg 1499 im Hegau das *Burgenbrennen* praktizierten. Selten wurde eine eroberte Burg völlig zerstört und nicht wieder aufgebaut (Isenberg 1226; Bommersheim/HE 1382; Tannenberg/HE 1399). Nach der Einnahme der Burg Neuenahr/Ahr 1372 wurde vertraglich festgelegt, dass sie nicht mehr aufgebaut werden durfte.

Belagerungsburg (Burgentypologie: funktionaler Typus): Zu unterscheiden sind B.en und -schanzen (> Schanze) von > Trutzburgen und > Gegenburgen. Eine B. wurde zur Unterstützung der Belagerung einer gegnerischen Burg erbaut. Sie konnte dem Angreifer als gesicherte Rückzugsposition, als befestigte Angriffsstellung (für Bliden/Wurfmaschinen: Bleidenberg/Mosel) oder zur Sperrung der Nachschubwege der gegnerischen Burg dienen, wie die Gruppe von B.en, die im Kontext der Eltzer Fehde und der Belagerung der Burg Eltz/Eifel 1331/33 um diese herum angelegt wurden oder die gegen die Burg Reifferscheid/EU gerichteten Belagerungsburgen. Je nach Topographie, Zeitaufwand und mitgeführten Belagerungswaffen konnten B.en -schanzen sehr unterschiedlich aussehen. Einfache Belagerungsschanzen aus Erde blieben meist nicht erhalten (Nellenburg/Hegau, 1291; Hohenkrähen/Hegau, Schanze auf dem Gansbuck, 1512), während manche B.en sich zu dauerhaft bewohnten Burgen entwickelten (Trutzeltz oberhalb Burg Eltz, 14. Jh.).

Belagerungsgeräte > Antwerk; > Belagerung

Belagerungsmaschine > Antwerk; > Belagerung

Belagerungsmittel > Antwerk; > Belagerung; > Belagerungsburg

Belagerungsstollen (s.a. > Belagerung; > Mine): Bei einzelnen größeren Belagerungen trieben Mineure oder Bergleute B. unter Befestigungen vor (Burg Desenberg/NRW, 1168). Durch einen B. konnten Angreifer, im Idealfall unbemerkt, in die belagerte Burg/Stadt eindringen. Von außen unter Befestigungen vorgetriebene Stollen brachte man aber auch zum Einsturz, um darüberstehende Mauern und Gebäude zu zerstören (Nellenburg/Hegau, 1291). Dazu wurde der B. mit Holz ausgesteift, das nach Fertigstellung des B.s in Brand gesetzt wurde, um den Stollen zum Einsturz zu bringen (Alt-Windstein/Vogesen, 1332); im Spät-MA wurden Sprengladungen in B.en gezündet (Rhódos/GR, Stadtbefestigung, 1480 und 1522). – Manchmal legten Belagerte Stollen an, um Angriffsmaßnahmen oder -einrichtungen (gegnerische Wurfmaschinen- oder Geschützstellungen) zu stören bzw. zerstören.

Belagerungsturm > Antwerk

Bergfried: Meist der Hauptturm einer ma. Burg in Mittel-EU. Anders als ein > Wohnturm nicht zum dauernden Bewohnen eingerichtet, bestand der B. zusätzlich zum Wohnbau. Erst in der Burgenkunde der 2. H. 19. Jh.

Bergfried 33

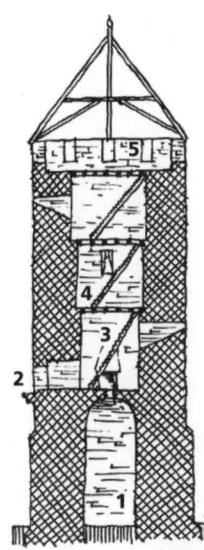

Schema eines hochma. Bergfrieds (aus: Piper ³1912): 1. Verlies; 2. Hocheingang mit Konsolen der äußeren Plattform; 3. Aufenthaltsraum mit Kamin; 4. Licht-/Luftschlitze; 5. Wehrplattform mit Zinnen.

Burg Breuberg im Odenwald (Breuberg, HE, D). Bergfried mit Buckelquaderverkleidung (aus: Bronner 1930).

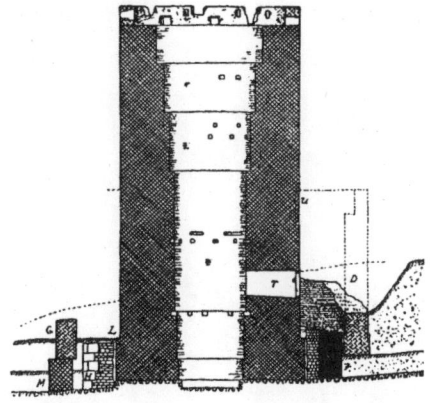

Burg Querfurt (Querfurt, SA, D). Bergfried *Dicker Heinrich*, angeblich 11. Jh., Schnitt. Ø 14,5 m, Höhe 31,6 m (aus: Wäscher 1956).

setzte sich die Bezeichnung durch. In der mhdt. Sprache meinten *berchfrit, bervride* u.ä. Angriffs- und Verteidigungstürme. Im MA hieß der B. meist *turm* (*torn* oder lat. *turris*). Erste B.e entstanden um/kurz nach M. 12. Jh.

Einige salierzeitliche Türme, von denen nur Fundamente blieben, könnten aufgrund ihrer Maße schon B.e gewesen sein. Primär in Mittel-EU, kaum in F und GB, dominierten B.e ab spätem 12. Jh. bis zum 14. Jh. zahllose Burgen; danach wurden nur noch wenige gebaut. Stand der B. urspr. meist frei im Hof, rückte er im Spät-MA oft in Richtung Angriffsseite (> Frontturmburg), um mit seiner Baumasse dahinterstehende Gebäude zu schützen, aber auch im Sinne einer architektonischen Machtinszenierung am Zugang zur Burg. Er konnte unmittelbar hinter der Mauer stehen, in sie einbinden, bei winkliger Mauerführung in der Ecke stehen und so dem Angreifer zwei Seiten zuwenden oder feldseitig aus der Mauer vorspringen. Manche Burgen besaßen eine

Kombination aus B. und > Schildmauer (Hohenecken/Pfalz). – Die Grundrisse der meisten B.e waren rechteckig bis quadratisch bei Seitenlängen von ca. 6–12 m; es folgen runde (ca. 7-15 m Ø), seltener waren 5- oder mehreckige B.e; als Sonderformen sind 3-eckige oder tropfenförmige anzusehen. B.-Höhen waren sehr verschieden, je nach Macht und Finanzkraft des Bauherrn 10-40 m, ebenso die Mauerstärken (gut 1-4 m). Manche B.e verjüngen sich nach oben und wirken so optisch „gestreckt" (Weinheim). Die Nutzfläche der Türme war i.d.R. gering. Über einem unteren, nur durch eine Öffnung im Gewölbe (> Angstloch) zugänglichen UG (> Verlies, nicht Kerker!) lag ein Eingangsgeschoss, das von außen über eine Leiter/Treppe oder ein benachbartes Gebäude zugänglich war. Darüber gab es ein oder mehrere Geschosse. Eine Wehrplattform mit > Zinnen, und meist mit Dach, schloss den Turm oben ab. > Kamine, > Aborte und Wandnischen gehörten zur Ausstattung mancher Türme; ein Raum konnte für den Wächter (*Türmer*) wohnlich eingerichtet sein. - Erst in den letzten Jahren wurde gewürdigt, dass dem B. primär zeichenhafte Bedeutung zukam, er war ein Symbol adeliger Macht; nur wenige B.e besitzen tatsächlich > Schießscharten. Der B./Turm konnte per se für die gesamte Burg stehen. Nicht selten wurden B.e in frühneuzeitliche Schlossbauten integriert. In manchen Regionen (Bodensee) waren B.e vergleichsweise selten.

Bering > Ringmauer
Bewohnbarer Bergfried > Bergfried.
Biberschwanz(-Ziegel): Flache, am unteren Ende meist bogig endende (Dach-)Ziegelform.
Biforienfenster > Biforium
Biforium: Zweiteilige Form des gekuppelten Fensters (> Gekuppelte Fenster; > Triforium), d.h. zwei durch eine Mittelstütze voneinander getrennte Fenster. Häufig im romanischen Burgenbau des 11.-13. Jh.

Burg Münzenberg in der Wetterau (Münzenberg, HE, D). Romanischer Palas, Hofseite mit Biforienfenstern und Hocheingängen ins 1. und 2. OG (aus: Piper ³1912).

Burg Münzenberg in der Wetterau (Münzenberg, HE, D). Romanischer Palas, Hofseite, Biforium (aus: Adamy 1895).

Bischofsburg (Burgen-Typologie: funktionaler Typus): Die Bezeichnung B. besagt lediglich, dass die Burg von einem (Erz-)Bischof erbaut oder besessen wurde (Ziesar). Ihre Funktionen waren, wie bei > Landesburgen, sehr verschieden. Sie konnten (Neben-)Residenz (Trier-Pfalzel), Landesburg (Welschbillig, RP) oder > Amtsburg (Mayen, RP; Nürburg, RP) sein. Im Früh- und Hoch-MA standen B.en öfter in/an Städten (Hildesheim). Einige bildeten mit der Kathedrale eine bauliche Einheit oder Baugruppe (Konstanz). Im Spät-MA standen B.en öfter außerhalb der Bischofsstadt, u.a. um im Falle bürgerlicher Aufstände mehr Sicherheit zu bieten (Pfalzel). Mehrere bischöfliche, im Verlauf der Stadtmauer stehende > Stadtburgen waren gegen die Stadt stark befestigt (kurkölnische Burg Andernach, RP, 1519 Bau des gegen die Stadt gerichteten Geschützturmes). – Viele (Erz-)Bischöfe betrieben seit dem Hoch-MA eine umfängliche Burgenpolitik zum Ausbau ihrer Territorien, etwa die Erzbischöfe von Köln und von Trier (sog. Balduinsburgen unter Erzbischof Balduin v. Luxemburg [reg. 1307-54]).

Blide > Wurfmaschine
Böschung > Talus
Bogenscharte: Für den Einsatz von Bögen (Pfeilbögen) angelegte Form der > Schießscharte, feldseitig oft in Form eines hohen, schmalen Schlitzes (> Schlitzscharte).
Bollwerk: In der älteren Burgen-/Festungsforschung undifferenziert für > Geschützturm, > Rondell, > Bastei, > Bastion und anderer Werke genutzter Begriff. Schon zeitgenössisch nicht fest definiert, wird in der neueren Forschung weitgehend auf den Begriff verzichtet (s. Definitionen der vorgenannten). Die französ. als *Boulevard* (vom deutschen B.) bezeichneten breiten (Pracht-)Straßen großer Städte, die im 19. Jh. entstanden und häufig mit repräsentativen Bauten besetzt sind (Wien: Ringstraße), folgten oft dem früheren Verlauf zuvor geschleifter Stadtumwallungen (Köln).
Bosse: Rohform (> Bossenquader).
Bossenquader: Quader der Mauerschale mit absichtlich roh belassener Stirn-

Johanniter-Ordensburg Narangia bei Kós (Insel Kós, GR), im 15./16. Jh. erbaut aus dem Material abegtragener antiker Bauten; die Außenmauern sind mit hellenistischen Bossenquadern (4. Jh. v. Chr.) verkleidet (Foto: M. Losse).

36 Bossenquader

seite; häufig an Wehrbauten der Stauferzeit (1138-1268) (> Buckelquader).

Bresche: Durch starken Beschuss mit > Wurfmaschinen oder Feuerwaffen/Kanonen oder durch Unterminieren (> Mine) zerstörte Stelle einer Befestigung, durch die Angreifer bei einem Sturmangriff oder heimlich eindringen konnten.

Brillenscharte: Eine nach ihrem äußeren Umriss bezeichnete Form der > Schießscharte, genauer: der > Feuerwaffenscharte, oft auch in Form einer liegenden 8.

Brunnen: Die Wasserversorgung war äußerst wichtig für ma. Burgen; Wasser wurde zum Trinken (Mensch und Tier), Kochen, Waschen und als Löschwasser benötigt. Im Gegensatz zu jener von > Wasser-/> Niederungsburgen war die Wasserversorgung von > Höhenburgen oft schwierig. Die Anlage eines Tiefbrunnens war technisch schwierig, zeitintensiv und somit kostspielig, d.h. nur wenige Burgen hatten einen Brunnen. Ein Sodbrunnen reichte nicht bis zum Grundwasser sondern nur bis zu einer wasserführenden Schicht im Gestein, er musste also nicht so tief abgeteuft werden. Bei größeren/bedeutenderen Burgen war der B. mancherorts durch ein B.-Haus oder einen B.-Turm (Trifels; Gerolstein/Eifel) geschützt. Heute zeugt oft nur eine runde Schöpföffnung auf einen B. oder eine Zisterne hin, so dass ohne archäologische Grabung unklar bleibt, ob es sich um das eine oder andere handelte.

Brustwehr: Eine meist.zumindest mannshohe Mauer bzw. ein entsprechend hoher Erdwall als Deckung der Verteidiger auf einem verteidigungsfähigen Bauwerk (> Kurtine, > Rondell, > Turm). Die Verteidigung erfolgte über die Oberkante der B. hinweg bzw. durch Zinnenlücken (> Zinnen) oder > Schießscharten in der Brustwehr durch diese hindurch. – Eine B. war im Hoch-MA ein genehmigungspflichtiges Bauteil, die aus einem Gebäude eine Burg machen konnte (vgl. Rechtsbücher, z.B. Sachsenspiegel, 13. Jh.).

Pleißenburg in Leipzig (S, D). Bresche in einer Bastion während der Belagerung 1642; im Vordergund die Batterie, welche die Bresche verursachte (Kupferstich aus: Merian, Theatrum Europaeum, 1643).

Johanniter-Ordensburg Kastéllas (Insel Rhódos, GR). Verschiedene Formen von Brustwehren: auf dem Wohnturm, dem Kapellenturm und der Wehrmauer daziwschen Brustwehr mit Zinnen, auf der Geschüzuschildmauer der Unterburg Brüstung mit Geschützöffnungen, Zustand um 1520. Zeichnung von Dr. Stephen C. Spiteri (aus: Spiteri 1994).

Pfalz Kaiserslautern (Kaiserslautern, KL, RP, D). Buckelquader (Foto: M. Losse).

Buckelquader: Herausgehobene bzw. besonders repräsentative Gebäude der Burg (> Bergfried, > Schildmauer, > Torbau, > Wohnturm, aber auch > Ringmauer) waren im späten 12./13. Jh. durch besonders markantes Mauerwerk geprägt, das seit der Stauferzeit (1138-1268) gängige B.-Mauerwerk. B. sind Quader, deren Stirnseite eine buckel- oder kissenartige Bosse (> Bossenquader) prägt. Besonders markant wirken die Bossen, wenn sie ein > Randschlag rahmt. Die zuerst für die Zeit um 1150 nachweisbaren B. könnten durch die Kenntnis antiker hellenistischer Wehrbauten über die Kreuzzüge vermittelt worden sein, gab es doch bereits im 4. Jh. v. Chr. (im Hellenismus) *Pýrgos* genannte, ma. > Adelsburgen vergleichbare, aus Wohn-/

Buckelquader

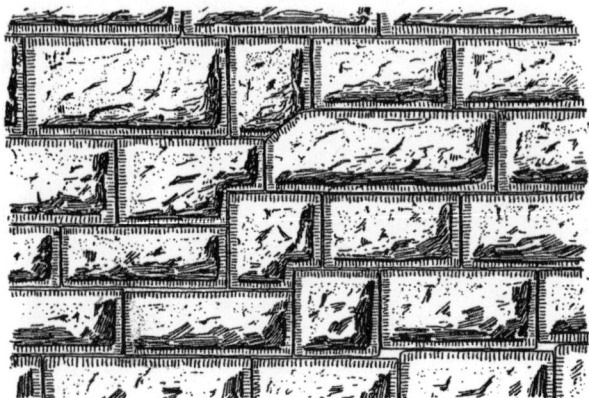
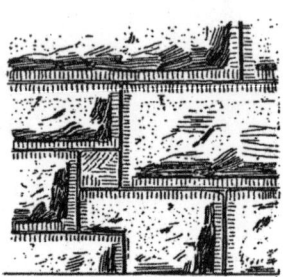

Burg Münzenberg (Münzenberg, HE, D). Buckelquader mit Randschlag am romanischen Palas (aus: Adamy 1895).

Wehrturm und Ringmauer zusammengestzte Anlagen in isodomem Mauerwerk mit B.n und Kissenquadern (Insel Pýrgousa/GR). „Wehrtechnisch nutzlos, ja sogar eher von Nachteil" rührte die Beliebtheit des B.s offenbar daher, „dass der Adel im trutzigen, abweisenden, kraftvollen, stolzen Erscheinungsbild des B.-Mauerwerks mehrere Eigenschaften wiederfand, die er für sich selbst gerne in Anspruch nahm" (Zeune, Reclam). B. an Gebäudeecken oder als Portalrahnung finden sich in einigen Regionen noch im 15./16. Jh., im Festungsbau sogar noch bis ins 19. Jh. Die Diamantquader der Renaissance stellen eine Weiterentwicklung der B. dar. – Manche Burgen des 13. Jh. im Bodenseegebiet weisen Wacken- bzw. Megalithmauerwerk auf, das aus riesigen Flusskieseln, oft in Kombination mit B.n, besteht (Frauenfeld/CH).

Burgenbauregal, das: Ein *Regal* war ein königliches Recht. Spätestens seit der Karolingerzeit stand das Recht, Burgen und Befestigungen zu bauen bzw. zu genehmigen dem Herrscher zu: König Karl II. *der Kahle* (823-877) legte 864 für sein Westfrankenreich fest, dass ohne Genehmigung des Königs erbaute Burgen abgebrochen werden sollten. Letztlich hatten die Könige aber kaum Möglichkeiten, den Adel überall zu kontrollieren. Das Recht zum Burgenbau wurde vom König an Herzöge und Markgrafen übertragen. Während der Krisenzeiten des Königtums bauten Adelige ohne Genehmigung auf ihrem Eigenbesitz Burgen. – Im hochma. *Heiligen Römischen Reich* war der Burgenbau gesetzlich geregelt. Voraussetzung war die Erlaubnis des zuständigen Landrichters (dazu etwa das Rechtsbuch ‚Schwabenspiegel' [Kaiserliches Land- und Lehnsrechtsbuch, wohl um 1275 von einem Kleriker aus Augsburg in Orientierung am ‚Sachsenspiegel' verfasst], Landrecht, §143a): Ohne Erlaubnis durfte man *in die Erde graben so tief wie ein Mann mit einer Schaufel auswerfen kann aus der Erde, so daß eine Stufe entsteht* (143b). Bis zu 3-stöckige Gebäude aus Holz oder Stein durften ohne Erlaubnis gebaut werden. Mauern durften um ein Anwesen aufgeführt werden, wenn sie nicht höher waren, als dass ein Reiter vom Pferd aus noch mit der Hand die Oberkannte berühren konnte und sie ohne Zinnen oder andere Wehrelemente waren. Alles was darüber hinaus ging machte den

Reichsburg Kyffhausen (Kyffhausen, TH, D). Rekonstruktion von Hermann Wäscher (aus: Wäscher 1959).

Bau zur Burg. Bis zum 12. Jh. war das Befestigungsrecht ein gräfliches, ab 1220/31 ein landesfürstliches Recht.
Burgengruppe: Undifferenziert verwendeter Begriff; bezeichnet meist eine Gruppe mehrerer, dicht beieinander stehender Burgen

Dahner Burgen (Dahn, RP, D) in der Pfalz. Die Burgen Altdahn, Gräfendahn und Tanstein, die *Dahner Schlösser* genannt (aus: Hartung 1967).

(Monreal/Eifel; Kyffhäuser/TH; Trifels/Pfalz) oder mehrere eigenständige Burgen, die sich aus einer Ursprungsanlage entwickelten, später jedoch aufgeteilt wurden (Dahner Burgen/Pfalz; Hohenstoffeln). Mancherorts bildeten Burgen eine bauliche Einheit mit ihnen untergeordneten Burgmannensitzen, wobei jene innerhalb einer Ringmauer reihenhausartige Einheiten bilden (Gräfenstein/Pfalz) oder voneinander separiert sein konnten (Schweinsberg/HE). B.n können auch gegeneinander gerichtete Burgen bilden, wobei die eine Trutzburg gegen die andere sein konnte (*Feindliche Brüder*/Mittelrhein; Manderscheider Burgen/Eifel).
Burgenpolitik war eine Form (hoch-)adeliger Territorialpolitik, die sich auf den Besitz von Burgen stützte und damit herrschaftliche Präsenz herstellte. Bis etwa 1300 war Burgenpolitik primär Burgenbau-, danach Burgenerwerbspolitik, sei es durch Kauf oder militärische Aneignung, zur Konsolidierung

und Ausdehnung des eigenen Territoriums. B. konnte sowohl herrschaftsbildend als auch herrschaftsfolgend bzw. -fördernd sein: Der Besitz von Burgen in einer Region untermauerte die Herrschaft, real und symbolisch. – Eine ausgeprägte B. betrieben im Spät-MA u.a. die Erzbischöfe von Trier und Köln sowie die Grafen v. Katzenelnbogen.

Burgensterben: Das in der Burgenforschung sog. B. hatte verschiedene Gründe: Nachdem schon im 12. Jh. infolge Verlagerung von Herrschaftszentren und veränderter wirtschaftlicher Voraussetzungen Burgen an günstigere Standorte verlegt worden waren, kam es im 14./15. Jh. zum eigentlichen B. In diesem Zeitraum wurde etwa die Hälfte der um 1300 bestehenden Burgen endgültig aufgegeben. Ursachen waren wirtschaftlicher Niedergang der Ritter/des (Nieder-)Adels und daraus resultierende bauliche Vernachlässigung von Burgen sowie politischer Druck seitens dynastischer Landesherren oder die Landesherrschaft ausübender Klöster, die ihre Territorien ausbauten und Ritter aus ihren Burgen vertrieben. Zu den Klöstern, in deren Umfeld Burgen verschwanden, gehörte die 1134 gestiftete Zisterzienser-Abtei Salem im Linzgau, eines der bedeutendsten Klöster im *Heiligen Römischen Reich (Deutscher Nation)*. Die politische Bedeutung wuchs, nachdem König Karl IV. Salem 1354 zum „gefreiten Stift" im Sinne einer Reichsabtei erhoben hatte. Mit der Zunahme wirtschaftlicher und politischer Macht gelang es der Abtei, viele Adelige im Linzgau von ihren Burgen zu verdrängen, was zum B. in der Region führte. Hinzu kam, dass im Spät-MA auch Städte Burgen erwarben (die Freie Reichsstadt Überlingen/Bodensee) und so den Niederadel entmachteten. Darüber hinaus verlor die Burg ab 15. Jh. als standesgemäße Behausung von Adel und Fürsten zunehmend an Bedeutung zugunsten anderer Architekturformen mit höherem Wohnkom-

Engen (BW, KN, D) im Hegau. Im Hintergrund die Burg Neuhewen, im 17. Jh. bereits eine Ruine (Kupferstich aus: Merian, Topographia Sueviae, ²1656).

fort in Stadt und Land. Sofern kein entsprechender Ausbau möglich war, konnte der höhere Wohnkomfort nur an neuer Stelle in der Ebene oder in einer Stadt erzielt werden (> Schloss; Stadtpalais). Ein weiterer Faktor des B.s war die Tatsache, dass Höhenburgen durch ihre exponierte Lage Stürmen und Blitzschlag besonders ausgesetzt waren; es kam zu Zerstörungen ohne folgenden Neuaufbau. – Nachdem im Hoch-MA Burgen im Kontext territorialer Konflikte vereinzelt zerstört worden waren, haben Zerstörungen von Burgen infolge spätma. und frühneuzeitlicher Kriege und Fehden zum B. beigetragen, etwa der Feldzug schwäbischer Städte gegen Adelige im Hegau 1441/42, der Schweizerkrieg 1499 in Südbaden, der Bauernkrieg 1524/25 in Franken und anderen Regionen, der 30-jährige Krieg 1618-48 oder die Réunionskriege und der Pfälzische Erbfolgekrieg König Ludwigs XIV. von F im Rheinland E. 17. Jh. Bei den französischen Zerstörungen von Burgen im linksrheinischen Gebiet während der 1680er Jahre war weniger die gezielte Zerstörung realer militärischer Objekte, also die Ausschaltung von Wehrbauten intendiert; sie waren vielmehr Zerstörungen von (Macht-)Symbolen, die primär die Identität des Gegners treffen sollten: die niedergebrannte Burg war ein sichtbares Zeichen seiner Unterlegenheit. Vermischungen beider Motive liessen sich zuvor verschiedentlich feststellen, so bei Zerstörungen von Burgen durch Eidgenossen im Schweizerkrieg 1499 und v.a. bei den von Konrad Widerholt, Kommandant der Festung Hohentwiel bei Singen (Hohentwiel) im Hegau, verursachten, seit 1634/43 systematisch ausgeführten Zerstörungen: sie dienten der Schaffung eines Wüstungsgürtels um die Festung. Widerholt wollte die Festsetzung potentieller Angreifer seiner Festung in den von ihm zerstörten Burgen erschweren, und seine Festung überragte, weithin sichtbar, all die ruinösen gegnerischen Burgen im Umland. – Mancherorts wurden Burgen in der FN im Auftrag ihrer Eigner zerstört, um Nutzungen durch Feinde zu verhindern: Vom eigenen Militär gesprengt wurden Saffenburg/Ahr 1704 und Burg Are/Ahr 1714; anschliessend wurde die umwohnende Bevölkerung aufgefordert, die Trümmer als Baumaterial abzutragen. – Oft sind die Zerstörungsdaten von Burgen unbekannt; meist ist allmählicher Verfall anzunehmen. Häufig waren Burgen bereits anfangs der FN im 16. Jh. baufällig oder sie lagen trotz weiterer Nutzung teils in Ruinen. Burgruinen sind schon auf Stichen Merians in den 1640er Jahren zu sehen; im 17. Jh. traten Burgruinen in der Landschaftsmalerei anstelle der zuvor üblichen klassisch-antiken Ruinen. Es ist bemerkenswert, dass nicht wenige Burgruinen und ehem. Burgstandorte (> Burgstall) politisch und wirtschaftlich interessant blieben, da Rechte, Privilegien und Einkünfte daran gebunden blieben.

Burgentypen > Burgentypologie

Burgentypologie: In der Burgenforschung werden ma. Burgen typologisch in 3 Typengruppen eingeteilt:

Topographische Typen (nach ihrer Lage). Burgen werden nach ihrer topographischen Lage generell in Höhen- und Niederungsburgen unterschieden; diese beiden topographischen Typen werden wiederum differenzierend unterteilt. Zu den wichtigsten finden sich in diesem Buch eigene Einträge (mit > gekennzeichnet): **Höhenburgen**: > Gipfelburg; Gratburg (s.u. Gipfelburg); Grottenburg (s.u. Höhlenburg); > Hangburg; > Höhlenburg; Plateaurandburg; > Spornburg; >

Zungenburg. – **Niederungsburgen**: > Wasserburg.

Architektonische Typen (nach prägenden architektonischen Merkmalen): > Abschnittsburg; > Burg-Tal-Siedlung; > Burghaus; > Festes Haus; > Frontturmburg; > Hausrandburg; > Kastellburg; Schildmauerburg (> Schildmauer); > Turmburg..

Funktionale Typen (nach ihrer Hauptfunktion): > Amtsburg; Belagerungsburg (s.u. Gegenburg); > Bischofsburg; > Dynastenburg; > Ganerbenburg; > Garnisonsburg; > Gegenburg; Hafenburg; > Hofmarkschloss; > Kommende; Kreuzfahrerburg; > Landesburg; > Ordensburg; Ordenskommende (s.u. Kommende); Passburg; > Pfalz; > Reichsburg; Trutzburg (s. u. Gegenburg).

Burgfriede(n) (mhdt. *burcvride*) (s.a. > Burgfriedensvertrag). Im MA der fest umrissene Hoheitsbereich um eine Burg, in dem Kampf und Fehde unter Strafandrohung (Acht) untersagt waren, d.h. der B. galt auch für Personen, mit denen Burgbesitzer bzw. -bewohner aktuell in Fehde lagen. Der B. konnte durch einen Fehdebrief aufgekündigt werden, um die entsprechende Burg legal belagern zu können. In manchen Burgen heute gezeigte B.s-Schilder (Braunfels/Lahn), die ein Beil zeigen, mit dem eine Hand abgeschlagen wird (Aufschrift: *Wer den B. bricht, dem soll so geschehen*), stammen teils aus dem 19. Jh.

Burgfriedensvertrag: Vertraglich geregelter Friede innerhalb der Besitzergemeinschaft einer Burg. B.e regelten vielerorts umfassend das Alltagsleben aller Burgbewohner. Der Burgfriedensbezirk endete nicht an der Burgmauer, sondern umfasste meist den kompletten zur Burg gehörigen Grundbesitz. Burgfriedenssteine markierten den Bezirk rund um die Burg oder auch Stadt (München). Bei > Ganerbenburgen erstreckte sich der Burgfriedensbezirk oft nur auf das unmittelbare Gelände der Burg.

Burghalde: Regionale Bezeichnung für > Burgstall, v.a. in Süd-D (Sipplingen/Bodensee); vgl. > *Schloßhalde*.

Burgkapelle > Kapelle

Burgmannen: Aus erhaltenen schriftlichen Verträgen geht hervor, dass ab 13. Jh. Burgherren adelige B. (aber auch Ministeriale) zur Verwaltung, Bewachung (Burghut) und Verteidigung ihrer Burgen verpflichteten, doch gab es das System offenbar schon im 12. Jh. Einsatzort und -zeit, teils auch Bewaffnung und Ausrüstung der B. waren vertraglich geregelt; im Verteidigungsfall hatten B. zudem zusätzliche Männer aufzubieten. Das festgeschriebene B.-Recht war von Burg zu Burg unterschiedlich. Die B. wohnten meist auf einer in der Nähe ihres Dienstsitzes auf Zeit gelegenen, als Lehen von ihrem Dienstherrn vergebenen Burg. Auf manchen Burgen standen einzelne B.-Sitze (Türme in der Ringmauer: Nürurg/Eifel). Anfangs wurden B. mit Naturalien entlohnt; später überließen Burgherren ihnen Grundbesitz nahe der Burg als Lehen, und seit dem späten 13. Jh. gab es auch Bezahlung in Bargeld. Wichtiger als die Entlohnung des B.-Dienstes war jedoch der Rechtsschutz durch den Herrn (Stefan Grathoff, http://www.regionalgeschichte.net/bibliothek/glossar/alphabet/b/burgmannen).

Burgstall: In spätma. und frühneuzeitlichen Schriftquellen sowie in der burgenkundlichen Fachsprache der ehem. Standort einer Burg, der meist auch nach Verfall der Bauten für den Besitzer wichtig blieb, da Einkünfte, Rechte, Privilegien daran gebunden blieben (Gebsenstein/Hegau, 1683 im Kontext von Jagdrechten). B. bedeutet also „Burgstelle". Insbesondere in S-/SW-Deutschland ist der Begriff weit verbreitet. Selten fand er Anwen-

Burgstall über dem Eisbrunnen bei Billafingen (FN, BW, D). Feldseitige Ansicht des Vorburgwalles (Foto: M. Losse).

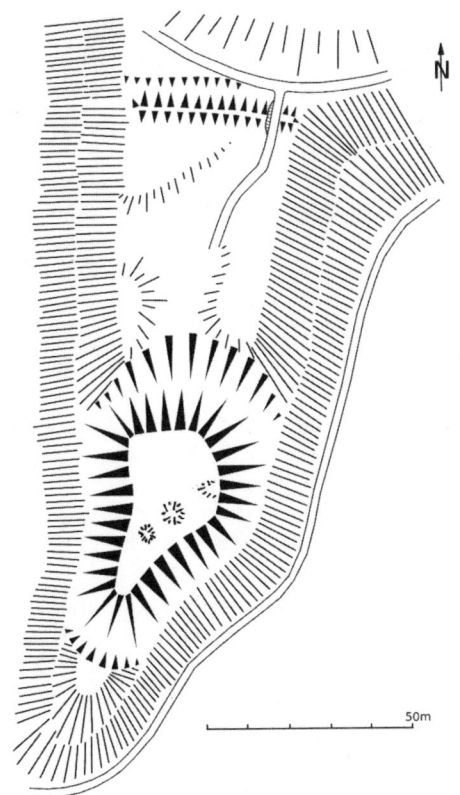

Schloßbühl bei Homberg-Limpach (Deggenhausertal, FN, BW, D). Grundriss des Burgstalles der Spornburg (Uwe Frank/Ralf Schrage 2005).

wandt: *Bürzelberg*/Eigeltingen, BW; in BY vereinzelt auch *Purzel* und *Pürzel*). Andere regionale Bezeichnungen für B. sind *Altenburg* oder *Altburg* (u.a. Rheinland, Eifel), *Burghalde* (S-Deutschland), *Schloßberg* (S-Deutschland, u.a. Linzgau und Oberbayern).

Burg-Tal-Siedlung: Die oft befestigten, *Tal*, *Flecken* oder *suburbium* genannten, seit dem 14. Jh. erwähnten, doch meist zu hochma.

dung auf in ihrer urspr. Funktion aufgegebene Burgen, deren Gebäude aber noch standen (Riedheim/Hegau). Oft ist die Benennung B. als Flurname heute der letzte Hinweis auf eine abgegangene Burg (Bohlingen/Hegau). – In verschiedenen Regionen S-Deutschlands finden sich regionale Abwandlungen des Begriffes B., so die Bezeichnung *Burstel* im Bodenseegebiet (Mammern/CH; Seelfingen/BW), *Burgstadel*, *Burgselberg*/Steinebach am Wörthsee oder *Purxl* bzw. *Pürxl* in Oberbayern (ver-

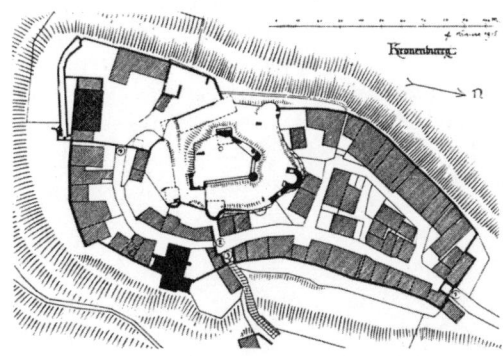

Kronenburg (EU, NRW, D), Grundriss der Burg mit der umgebenden Siedlung, dem sog. Tal (aus: KD Euskirchen 1900).

44 Burg-Tal-Siedlung

Niedermanderscheid (Manderscheid, RP, D), Burg-Tal-Siedlung am Fuß der Niederburg (Ausschnitt aus einem Kupferstich aus: Braun/Hogenberg, Civitates Orbis Terrarum, 1572ff, Bd. V, Bl. 25).

Ausbauphasen gehörigen Siedlungen waren typologisch und z.T. funktional > Vorburgen verwandt; sie besaßen keine Stadtrechte, waren aber mehr als Dörfer. In enger baulicher Kombination mit der Burg gab es sie im Rheinland, in der Eifel (Kronenburg; Niedermanderscheid; Reifferscheid/EU; Schleiden; Wildenburg) und anderswo. Außer defensiven Vorteilen ergaben sich wirtschaftliche. Wie viele Stadtburgen standen Burgen solcher Siedlungen meist am Rand, oft überhöht (Blankenheim; Schleiden).

Burstel > Burgstall.

Butterfassturm: umgangssprachliche Bezeichnung für anscheinend im 14. Jh. aufkommende Burg- und Stadttürme (> Bergfried; > Warte; Stadtmauer- und Kirchtürme) des 14./15. Jh., die einen kleineren, oft runden, im Ø im Vergleich zum Turmunterbau reduzierten Aufsatz tragen. Die Herkunft des Motivs ist noch unbekannt (Mittelmeergebiet, Italien oder Spanien?). Im Spät-MA entstanden auffällig viele B.e im Gebiet Mittelrhein-Südhessen-Taunus. Es gibt sie an Burgen (u.a. Braubach: Marksburg; Büdingen; Engers [s. Merian-Stich]; Falkenstein/Taunus; Felsberg/HE; Friedberg; Idstein; Kronberg; St. Goar: Burg Rheinfels; Strasburg: Deutschordensburg), an Stadtbefestigungen – hier meist an einer markanten „Ecke" (u.a. Andernach; Oberwesel; Meisenheim; Rüdesheim) –, an Kirchen (u.a. Oberwesel: St. Martin, mit Zinnen) und als Warttürme (u.a. Frankfurt/M.: Eschersheimer Turm). Bei manchen Burgen wurde der Aufsatz erst später auf einen hochma. Bergfried gesetzt (Bad Homburg vor der Höhe: *Weißer Turm*, 2. H. 15. Jh.; Kronberg/Taunus, um 1500). – EU-weit sind B.e zu finden. Im Hegau (Engen: *Krenkinger Schlößle*), im Vogtland, in TH (Osterburg), in Wales (Conway Castle; Caernaven Castle, beide 13. Jh.), Spanien (Manzanares el Real), Portugal (Torre de Belem), Italien (Florenz: Palazzo Comunale) und an türkischen Wehrbauten (u.a. Thessaloniki/GR: *Weißer Turm*; Rumeli Hisar/TR). Die Rolle der Grafen v. Katzenelnbogen im Mittelrheingebiet im 14. Jh. und ein Aufenthalt des Grafen Diether IV. von Katzenelnbogen 1311/12 in Rom und Oberitalien legt die Einführung jener Turmform im Mittelrheingebiet nahe (Auerbach, Rheinfels, Marksburg). Ein besonders aufwendiger B. war der unter Großmeister Philibert de Naillac (reg. 1396-1421) erbaute Naillac-Turm (46 m) auf der Naillac-Mole des Handelshafens von Rhódos/GR (durch eine später ausgebaute mächtige Geschützplattform mit der Stadtbefestigung verbunden). – Der Verteidigungswert eines Turmes wurde durch den Aufsatz kaum erhöht (Ausguck), doch steigert dieser die Wirkung durch die zusätzliche Höhe.

Butterfassturm

Stendal (SA, D), Stadtbefestigung, Ünglinger Torturm (15. Jh.), ein Butterfassturm (historische Ansichtskarte).

Dansker (Danzke, Danziger), der: Spätma. Form des > Aborts an Deutschordensburgen in Preußen (heute PL), bei welcher der Abtritt in einem Turm über einem möglichst fließenden Gewässer untergebracht ist. Der Turm ist durch eine gedeckte Brücke mit dem Wohnbau verbunden. Das aufwendigste Bsp. bietet die Burg Marienwerder (vgl. auch Thorn).

Marienwerder (heute Kwidzyn, PL), Deutschordensburg, Dansker (aus: Piper ³1912).

Marienwerder (heute Kwidzyn, PL), Deutschordensburg. Dansker (aus: Winnig 1940).

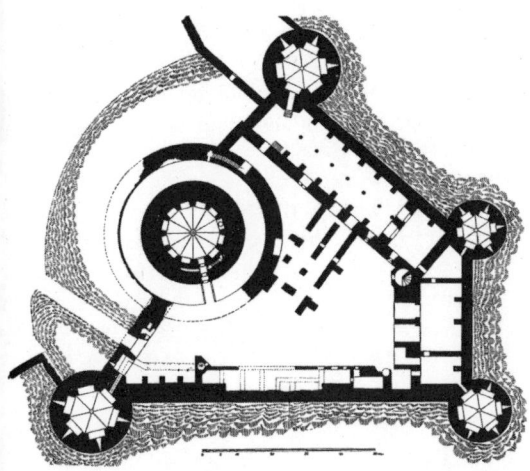

Chateau Coucy (Coucy-le-Château-Auffrique, F). Grundriss der Hauptburg mit dem mächtigen Donjon, ab 1220 (aus: Ebhardt I 1939).

Donjon > Wohnturm
Doppelkapelle > Kapelle
Doppelturmtor: Feldseitig von 2 Türmen flankiertes Tor, in der einfachsten Form ein turmflankiertes Mauertor. Die aufwendigste Form bildet eine Dreiturmgruppe, zusammengesetzt aus im Grundriss rechteckigem/quadratischem Torturm und 2 diesen flankierenden, meist gerundten Türmen. Oft sind die > Flankierungstürme als > Schalentürme ausgebildet (Ahrweiler, Stadtbefestigung, 2. H. 13. Jh.). Die 3-teilige Form kam als Burg- und Stadttor ab dem 13. Jh. öfter vor; verbreitet war sie im Rheinland und in der Eifel (Burgen: Bürresheim, um 1330; Heimbach; Monschau; Münstereifel; Satzvey; Stadtbefestigungen: Nideggen; Reifferscheid/EU). Das Motiv des D.es ist bereits aus vor-/frühgeschichtlicher Zeit (Abu/Elephantine, Ägypten, 3. Jt. v. Chr.) und der Antike bekannt (u.a. hellenistische und röm. Stadttore, z.B. Trier, Porta Nigra, um 180 n.

Kasselburg in der Eifel (Gerolstein-Pelm, DAU, RP, D). Zum Wohnturm ausgebautes und aufgestocktes Doppelturmtor, 14. Jh., im Kern vielleicht älter (Foto: M. Losse).

Chr.). Im MA wurde das Motiv offenbar über Französische > Kastellburgen bzw. die Kreuzzüge nach W-Deutschland vermittelt. D.e waren im Spät-MA repräsentative herrschaftliche Elemente; sie stehen auf Siegeln (Großes Stadtsiegel Wittlich/Eifel, 1333), Münzen, Wappen und in Buchmalereien als Abbreviatur zeichenhaft für Städte und Burgen. Die ma. Stadtbefestigung von Köln, eine der bedeutendsten in D, wies mehrere D.e

Bertradaburg bei Mürlenbach in der Eifel (DAU, RP, D). Feldseitige Ansicht des Doppelturmtores (Foto: Wolfgang Bogensberger).

auf. Vielerorts in EU gibt es D.e (F; Rhódos/GR, Stadtbefestigung und Großmeisterburg). Durch Zubauten von Türmen/Tourellen wurden manche Tore nachträglich D.e (Marburg/HE, Kalbstor, wohl 14. Jh.). Oft zeigen Bauten des 14. Jh. statt Türmen nur noch > Tourellen (Reifferscheid/EU, Matthiastor). Noch in nachma. Zeit wurden Doppelturmtore erbaut (Abtei Kornelimünster NRW, mit Vortor). – Es gab als > Wohnturm genutzte D.e an mehreren Burgen der Eifel (Welschbillig, M. 13. Jh., Wohnung des Tri-

erer Erzbischofs; Mürlenbach, E. 13. Jh., Wohnung der Äbte von Prüm, ca. 30 m hoch, 14 Wohnräume, Kapelle, Schießscharten; Kasselburg, 7-stöckig).

Dossierung > Talus

Dürnitz (Türnitz): Vom slaw. *dorniza* (beheizbare Stube) abgeleiteter Begriff, der im Spät-MA oft einen beheizbaren EG-Saal meinte, aber auch einen gesamt Saalbau meinen konnte. Heute oft im Sinne von beheizbarem Aufenthaltsraum für Burgbesatzung und Gesinde im EG genutzt (ausführlicher: Jens Friedhoff, Reclam).

Dynastenburg (Burgentypologie: funktionaler Typus): Burg des dynastischen Adels. Dynasten waren Angehörige des in königlichen Diensten stehenden Reichsadels, die es verstanden hatten, ehemals königliche Hoheitsrechte an sich zu ziehen und an ihre Familie zu binden und die auf diese Weise die einflussreiche Spitze innerhalb der Adelshierarchie bildeten. Im Hoch- und Spät-MA waren Burgen eines der wichtigsten Mittel der Ausdehnung und Sicherung expandierender

Schloss Saarbrücken (SL, D), eine zum Festen Schloss der Renaissance ausgebaute Dynastenburg (Kupferstich aus: Merian, Topographia Palatinus Rheni, 1645).

Territorien, wobei zahlreiche D.en sich durch besonders aufwendige, künstlerisch bedeutende Gestaltungen auszeichnen (Nideggen/Eifel; Vianden/L).

E

Echaugette > Eckwarte
Eckwarte (auch *Scharwachthäuschen, Scharwachttürmchen, Echaugette; Pfefferbüchse*): Auf eine Bastionsspitze, Mauer- oder Gebäudeecke gesetztes Erkertürmchen, meist über einer Konsole auskragend. Diente der Beob-

Burg Lissingen in der Eifel (Gerolstein-Lissingen, DAU, RP, D). Pfefferbüchse mit Miniaturfeuerwaffenscharten als Bedeutungsträger (aus: KD Daun 1928).

Burg Großostheim am Main (Großostheim, HE, D). Bergfried mit Eckwarten (aus: Piper ³1912).

achtung des Vorfeldes, war oft nur Bedeutungsträger (Träger von Wappen etc., s. Burg Lissingen/Eifel); nur selten zur realen Verteidigung geeignet (Kasselburg/Eifel).
Erker (mittelhochdt. *erkaere*, auch *ärker*, vom lat. *arcus*: Bogen; die Bezeichnung angeblich von der Grundrissform abgeleitet, eher jedoch von seinem Unterbau abzuleiten): Ein auf Steinkonsolen oder Kraghölzern aufsitzender, geschlossener gerundeter, polygonaler, meist jedoch rechteckiger Vorbau eines Gebäudes, ein- oder mehrgeschossig. Ver-

50 Erker

Steinernes Haus an der Mühlpforte in Büdingen (HE, D), ein spätma. städtischer Adelssitz; Herrenhaus mit Stufengiebel und spätgot. Eckerker, um 1500 (aus: Wagner 1890).

Burg Eltz (Wierschem, MYK, D). Verschiedene Erkerformen, u.a. Kapellenerker, im Innenhof. (aus: Piper ³1912).

mutlich anfangs primär aus Verteidigungsgründen an Burgen angebracht (Ausguck; Streichwehr), fanden E. anscheinend schon im 12./13. Jh. Verwendung an repräsentativen Bauten von Burgen. Im Hoch- und Spät-MA gab es auch Kapellen-E. (Trifels; Burg Eltz). An Burgen und Schlössern in der FN oft sehr aufwendig gestaltet (Blumenfeld/Hegau), mancherorts Boden- bzw. Stand-E., die auf dem Boden aufsitzen. Als Streichwehren entstanden E. noch im 17. Jh. (Pfalzgrafenstein/Rhein). Sonderformen sind Abort-E. (> Abort), > Wehr-E. und Scharwachttürmchen (> Pfefferbüchsen) auf Bastionsspitzen.

Eselsweg oder *Ochsenweg*: Die heute noch nahe Burgen zu findenden Bezeichnungen (Tengen/Hegau; Worblingen/Hegau) verweisen darauf, dass mit Tragtieren von einer Quelle oder einem Bach Wasser zur Burg gebracht wurde.

Eskarpe (*Escarpe*): Innere Grabenböschung mit (Futter-)Mauer, Oberwall und > Brustwehr. Während sie anfangs die Glacisschüttung überragte, versuchte man später, vereinzelt schon ab dem 16. Jh. (u.a. Daniel Speckle), eine Deckung der E. gegen direkten Beschuss durch eine entsprechend hohe Glacisschüttung. Im frühneuzeitlichen Festungsbau gab es öfter E.n-Galerien hinter der Futtermauer zur Grabenverteidigung und als Kommunikationswege. Konter-E. (*Contre-Eskarpe*) heißt die äußere Grabenwand. Im Festungsbau anfangs oft in Erdböschung, bisweilen flach geböscht, um Verteidigern einen Ausfall (> Poterne) aus dem Graben heraus zu erleichtern. Seit der Verbesserung der Steilfeuergeschütze wurde die Konter-E. mehr als Grabenhindernis ausgebildet. Unter der Kontereskarpe lagen bei (früh-)neuzeitlichen Festungen vielfach Minenvorhäuser der Konterminensysteme.

F

Face, die: F.n (Gesichtsseiten) heißen die dem Vorfeld zugewandten Außenseiten einer > Bastion.

Fallgatter, -gitter: Bestandteil der Torsicherung vieler spätantiker und spätma. (seit 13. Jh.) Stadtbefestigungen und Burgen. F. bestanden meist aus gitterförmig zusammengefügten Holzbalken, oft durch Eisenbeschläge verstärkt. Die stabile Holzkonstruktion konnte schnell hinabgelassen werden, verstärkte im geschlossenen Zustand das Tor und diente dazu, ins Torhaus eingedrungene Gegner am Rückzug zu hindern. Das F. wurde vertikal bewegt und dabei meist in seitlichen Mauerrinnen, mancherorts in außen vor die Mauer ausspringenden Klammersteinen geführt. Mit Hilfe von Ketten und Wellen wurde es aufgezogen und herabgelassen.

Feldseite: Die Angreifern zugewandte (Außen-)Seite einer Wehrmauer.

Felsenburg (> Burgentypologie: topographischer & architektonischer Typus): Otto Piper (Burgenkunde ³1912) unterschied 3 nicht genau voneinander zu trennende Varianten von Felsen- und > Höhlenburgen: 1. an Felsen angebaute Burgen (Fracstein/CH; Loch/Oberpfalz); 2. eigentliche Höhlenburgen; 3. ganz

Trostburg bei Waidbruck (Südtirol, I), Tor mit Fallgatter (aus: Piper ³1912).

Bertradaburg bei Mürlenbach (DAU, RP, D) in der Eifel. Doppelturmtor, Fallgatterschiene im Torbogen (Foto: M. Losse).

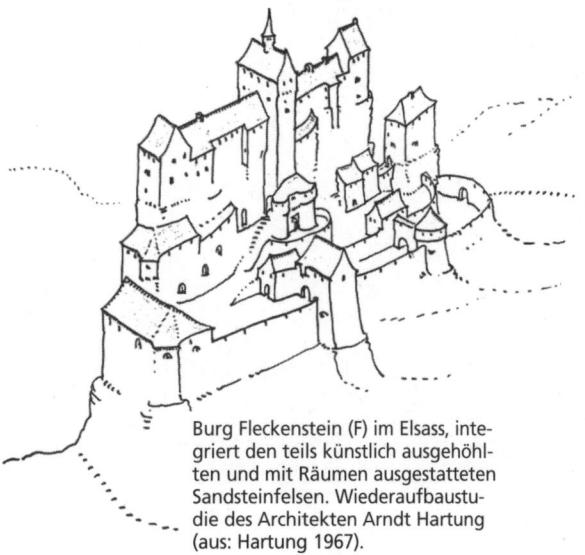

Burg Fleckenstein (F) im Elsass, integriert den teils künstlich ausgehöhlten und mit Räumen ausgestatteten Sandsteinfelsen. Wiederaufbaustudie des Architekten Arndt Hartung (aus: Hartung 1967).

oder teils aus dem Fels gehauene Burgen (Blumenstein/RP; Buchfahrt/TH). In allen Fällen war die Gestaltung durch den Bauplatz sehr beschränkt. Häufig gab es F.en in felsigen Gebieten mit leicht bearbeitbarem Material (Rotsandstein: Pfalz; Elsass); mancherorts erstreckte sich die F. in einem weitgehend ausgehöhlten Felsen (Fleckenstein/F).

Fensterbank: Seitlich in die Fensternische eingebaute, meist steinerne Sitzbank, oft paarweise einander gegenüber angeordnet.

Burg Bidenegg bei Fließ (Tirol, A). Fensterbänke (aus: Piper ³1912).

Feste > Veste
Feste Brücke > Brücke
Festes Schloss: Im Gegensatz zu einer > Festung ein zur Verteidigung mit und gegen Feuerwaffen ausgestatteter Wehrbau des Spät-MA oder der FN, bei dem der Wohncharakter überwiegt oder dem Wehrcharakter zumindest gleichrangig ist. Die Hauptgebäude einiger F. S.er des 16./fr. 17. Jh. tradieren den Typus der > Kastellburg als Bedeutungsträger (u.a. in N-Deutschland: Ahrensburg; Glücksburg; in BW: Pfohren: Entenburg; Schlatt unter Krähen, um 1571; Schloss Königsegg/Insel Reichenau, um 1560; im Rheinland: Eicks, barock). Eine reduzierte Form mit zwei Türmen an der Hauptfrontzeigt Schloss Hegne (letztes Dr. 16. Jh.); die Ringmauer mit den Rondellen impliziert hier einen Wehrbau, obwohl die Anlage kein Wehrbau war.

Festes Schloss Philippsburg in Braubach am Rhein (EMS, RP, D) nach einer Zeichnung von Wilhelm Dilich, 1607 (aus: Michaelis 1900).

Festung: Der Begriff F. wurde, v.a. in populärwissenschaftlicher Literatur, immer wieder fälschlich mit Burg gleichgesetzt, doch sind F.en Bauten, mit denen man ab etwa 2. V. 15. Jh. versuchte, sich gegen Feuerwaffen zu schützen, indem man ihre Wehranlagen deutlich verstärkte und die durch entsprechende Ausbauten Möglichkeiten boten, Geschütze aufzustellen. Überwiegt dabei der

Wohncharakter oder ist er dem Wehrcharakter gleichwertig, so spricht man von > Festen Schlössern. D.h., F. sind Wehrbauten, mit denen auf den Einsatz schwerer Feuerwaffen reagiert wurde, die ab etwa 1. H. 15. Jh. Verwendung fanden; F.en waren Anlagen zur Verteidigung gegen Feuerwaffen mit Feuerwaffen (Elmar Brohl: Zum Festungsbegriff. In: Festungsjournal 5, 1998, 16-21). Der Festungsbaumeister Johann Faulhaber (1580-1635) schrieb in seinem Buch ‚Ingenieurs-Schul' (Ulm 1634): *Ein Voestung ist ein Materialisches corpus auß Erden / Stein / Holtz / vnd Wasser bestehend / so eintweder von Natur / oder durch Kunst mit allerley gebraeuchlichen vnnd Nothwendigen Defensionswehren zu gemeiner Sicherheit der Innwohner wider allen eusserlichen Gewalt vnd Anfall versehen vnnd bevoestigt ist.* Knapp, aber umfassend, ist die Definition von Elmar Brohl (1998): „Eine Festung stellt eine örtliche Gesamtheit von Verteidigungsanlagen und verteidigten Anlagen dar; ihre Befestigung ist gegen Feuerwaffen widerstandsfähig, zu selbständiger Kampfführung mit Feuerwaffen ausgerüstet, auf Dauer geplant [sog. permanente Befestigung] und mit einem dem Gelände und dem jeweiligen Stand der Waffentechnik angepaßten System von Verteidigungsanlagen und Annäherungshindernissen versehen." Eine Festung konnte also gegen einen mit allen gängigen Angriffsmitteln ausgestatteten, zahlenmäßig überlegenen Gegner nachhaltig verteidigt werden. Technisch und baulich angepasste Burgen konnten also zu Festungen werden, ebenso befestigte Städte. – Erste Belege für Einsätze kleinerer Feuerwaffen in Mittel-EU stammen aus der Zeit vor M. 14. Jh. Bemerkenswert ist die relativ schnelle Entwicklung hin zu Riesengeschützen, die bereits um die M. 15. Jh. zum Einsatz kamen: Mit bis zu 20 t wiegenden Kanonenrohren konnten bis zu 400 kg schwere Steinkugeln verschossen werden. Insbesondere in den Armeen der auf Eroberungen ausgerichteten türkischen Sultane kamen solche Geschütze bei Belagerungen erfolgreich zum Einsatz. Die Eroberung der byzantinischen Hauptstadt Konstantinopel 1453, die wesentlich dem Einsatz schwerer Belagerungsartillerie zu verdanken war, bildete einen Höhepunkt dieser Art der Kriegsführung. Auf weiteren Feldzügen (1456/58 fiel Athen, 1463-64 besiegten türkische Heere Bosnien und die Walachei, 1479 Albanien, 1483 die Herzegowina) bewiesen

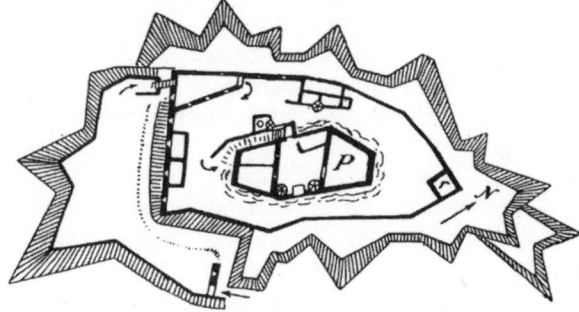

Burg Hohengeroldseck im Schwarzwald (BW, D) wurde durch die Errichtung einer Tenaillebefestigung in der Frühen Neuzeit zur Festung (Grundriss aus: Piper ³1912).

Veste Marienburg (Würzburg, BY, D) mit Bastionärbefestigung (Kupferstich aus: Merian, Topographia Franconiae, ²1656, Ausschnitt).

die Türken die Effizienz ihrer Artillerie. – Im Laufe des 14. Jh. wurden nachweislich erstmals Feuerwaffen beim Burgbelagerungen in D eingesetzt, doch erst seit 1. H. 15. Jh. waren sie so effektiv, dass bauliche Reaktionen erforderlich wurden. A. der 1330er Jahre wurde die Burg Eltz während einer Belagerung mit Pfeilbüchsen beschossen. Kurz danach, 1334, während der Bischofsfehde, überstand Meersburg/Bodensee eine 14-wöchige Belagerung; die Beschießung von Burg und Stadt mit Feuerwaffen war eine der frühesten Belagerungen dieser Art in D. Weit größer als die Sachschäden war die psychologische Wirkung der kaiserlichen Geschütze: Eine Chronik berichtet, es *vilent von dem harten Ton vil menschen halbtod und onmächtig um*. 1378 wurden Feuerwaffen („große Büchsen") beim Angriff auf Burg Mägdeberg/Hegau eingesetzt, 1399 Burg Tannenberg/HE mit Hilfe von Artillerie zerstört. Auf Burg Landskron/Ahr wurde eine Bombarde (um 1400) gefunden. Für die 1420er Jahre lassen sich dann Schlüssel(loch)scharten für den Einsatz von Handfeuerwaffen an Burgen in Hessen nachweisen (Amöneburg). Impulse zur Einführung neuer Verteidigungselemente resultierten aus Kämpfen mit den Hussiten, die eine effektive, mobile Artillerie auf Geschützwagen besaßen und ihre Befestigungen mit „modernen" Wehrelementen (Feuerwaffentürme, Zwinger, Wehrgangsbrüstungen mit Feuerwaffenscharten: Tabor/Böhmen CZ) ausstatteten. Im Konflikt mit Hussiten wurden um 1444 mehrere Burgen und Städte neu befestigt (Stadt und Veste Coburg; Altenstein/BY; Lichtenstein/BY; Stadt Dresden). In D. wurden ab 15. Jh. Burgen zu F.en ausgebaut. Während bei einigen lediglich einzelne Feuerwaffenscharten eingefügt wurden, erhielten andere Feuerwaffen- und/oder > Geschütztürme, Geschützstellungen und -plattformen. Andere wurden aufwendig, teils unter Integrierung, teils unter Beseitigung und Ergänzung ma. Bausubstanz zu F. (Ehrenbreitstein; Rheinfels/St. Goar, 17. Jh.). Andere wurden zu Festen Schlössern mit hohem Wohn- und Repräsentationswert (Greiz; Heidelberg; Hardenburg/Pfalz; Varenholz NS). – Um 1500 zeichnete sich die Entwicklung hin zu größerer Mobilität der Artillerie ab: Kleinere, auf Räderlafetten gesetzte beweglichere und schneller zu handhabende Geschützrohre konnten nun Eisenkugeln statt der zuvor verwendeten Steinkugeln verschießen. Sie erreichten eine große Zielgenauigkeit und eine so hohe Anfangsgeschwindigkeit (*Rasanz*), dass Kugeln fast in gerader Linie flogen; das ermöglichte Direktbeschuss eines Mauerfußes, der zum Einsturz von Mauern oder Mauerteilstücken führen konnte. Eine bauliche Reaktion auf die neuen Waffen war der Verzicht auf hohe Türme; die Entwicklung im frühneuzeitlichen Wehrbau führte allmählich dahin, Festungen dem Sichtfeld und dem Direktbeschuß der Angreifer zu entziehen, sie „verschwanden" hinter dem Glacis (Stadtfestung Rhódos/GR; Ordensburg St. Peter/Bodrum, TR). Zu den bemerkenswertesten F.en des fr. 16. Jh. gehört die Stadt Rhódos/GR, Residenz und Hauptstadt des Johanniter-Ordens. Nach Belagerungen 1440 durch ein mamlukisches Heer und 1480 durch ein türkisches Heer erfolgten umfängliche Ausbauten: In mehreren Bauphasen wurden Mauern verstärkt, Gräben vertieft und z. T. verdoppelt. Die A. 14. Jh. etwa 3 m starke Stadtmauer hatte schließlich 1522 eine Stärke von bis zu 12 m. – Seit der FN wurden F.en systematisch geplant. Immer perfektere F.s-Systeme und -Manieren wurden auf mathematisch-wissenschaftlicher Basis entwickelt und in Traktaten und theoretischen Schriften von Ingenieuren, Mathematikern, Wissenschaftlern, Künstlern und Universalgenies (Leonardo da Vinci, Albrecht Dürer) behandelt; die F.s-Wissenschaft war entstanden.

Feuerwaffenturm > Geschützturm

Filterzisterne > Zisterne

Fischgrätmauerwerk (lat. *opus spicatum*; auch Ährenmauerwerk): Spätestens in der Römerzeit, aber auch im MA angewandte Mauertechnik, bei der die Bausteine (Ziegel, flach behauene Bruchsteine, in steinarmen Gegenden wie dem Bodensee auch große Kiesel) schrägstehend, im Wechsel nach rechts oder links geneigt, vermauert werden. F. gab es sowohl in Füll- wie auch in Schalenmauerwerk (> Zweischalenmauer).

Caervent (CYM, GB), römische Stadtbefestigung. Das Füllmauerwerk als Fischgrätverband, dem Quadermauerwerk als Außenschale vorgeblendet war (Foto: M. Losse).

Flanke, die: Die im Winkel zur Mauer/Umwallung stehende, flankierende Seite einer > Bastion.

Flankierungsturm: Ein vor die > Ringmauer, Zwingermauer (> Zwinger) oder ein Gebäude vorspringender Turm mit Einrichtungen zu flankierender Verteidigung durch Bogen-, Armbrust-, seit dem 15. Jh. auch Büchsenschützen oder Artillerie. Grundrissformen der F.e variieren (halbrund, hufeisenförmig, polygonal, rechteckig etc.). Die schon im Alten Orient und im vorantiken Ägypten bekannten, spätestens in der Antike gängigen, feldseitig vor die Mauer ausspringenden F.e dienten dazu, das Vorfeld eine Befestigung zu sichern und zwischen ihnen liegende Mauerstücke flankierend zu verteidigen. In D gab es flankierende Werke an Wehrbauten sehr vereinzelt schon im 10. Jh. (Kesterburg/Christenberg, HE), und F.e entstanden vereinzelt ab dem fr. 13. Jh. infolge der Kreuzzüge, vermittelt über Frankreich (> Kastellburg). Im heutigen Deutschland erst nach 1300 weiter verbreitet, gehörten F.e ab dem 14. Jh. zu den üblichen Bauelementen von Burgen und Stadtbefestigungen. Verbreitet waren ½- bis ¾-runde > Schalentürme. Bis ins fr. 15. Jh. waren die meist gerundeten F.e zur Verteidigung mit Bogen und Armbrust eingerichtet, erkennbar an der Form der > Schießscharten (schmale, hohe

Veste Marienburg über Würzburg am Main (BY, D) mit spätmittelalterlichem mit Flankierungstürmen besetztem Zwinger (historische Ansichtskarte).

56 Flankierungsturm

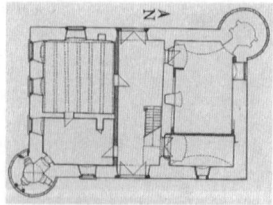

Grundriss des Erdgeschosses (S. Uhl).

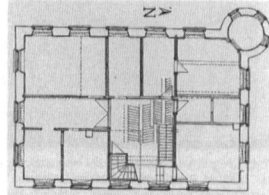

Grundriss des ersten Obergeschosses (S. Uhl).

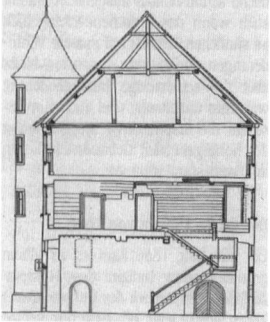

Querschnitt mit Blick nach Norden (S. Uhl).

Schloss Brochenzell (Meckenbeuren-Brochenzell, BW, D) im Linzgau. Das Herrenhaus ist an zwei Ecken mit kleinen Flankierungstürmen besetzt, die eher Symbol- als realen Verteidigungswert haben, wenn sie auch mit kleinen Feuerwaffenscharten ausgestattet sind (Bauaufnahme und Zeichnung mit freundlicher Genehmigung von Dr.-Ing. habil. Stefan Uhl).

Schlitzscharten). Wohl ab den 1420er Jahren änderten sich die Formen der Schießscharten, die nun zur Nutzung leichter Handfeuerwaffen eingerichtet wurden. Ab 2. Dr. 15. Jh., verstärkt ab der Zeit um 1480, gehören markante Schlüssel- und Maulscharten zu den prägenden Schießschartenformen gerade in F.en, die sich in der 2. H. 15. Jh. allmählich zu > Feuerwaffentürmen und > Geschütztürmen wandelten. Bisweilen wurden ältere F.e der Nutzung von Feuerwaffen angepasst (etwa Schlitz- zu Feuerwaffenscharten umgestaltet). Zwei ein Tor flankierende F.e machten dieses zum > Doppelturmtor. F.e von Stadtbefestigungen und Burgen konnten als > Wohnturm oder > Burgmannensitz dienen.

Flecken > Burg-Tal-Siedlung

Fliehburg (auch Fluchtburg; Refugium): Die der Burgenkunde des 19. Jh. erwachsene ältere Burgenforschung interpretierte viele der großflächigen früma. Burgen als F., die als eine Art „Volksburgen" nur während Zeiten von Krieg und Gefahr von Teilen der Bevölkerung aufgesucht wurden, doch waren die meisten tatsächlich dauerhaft bewohnt. Vereinzelt wurden aufgegebene Burgen später offenbar als F. genutzt. Ausnahmen bildeten offenbar einige > Ungarnwälle in S-Deutschland. Mancherorts fand die Bezeichnung „Refugium" für volkstümlich solcherart eingeschätzte Befestigungen Verwendung (*Refug* bei Wilchingen/SH, CH).

Fluchtburg > Fliehburg

Folterkammer > Einleitung (Klischees)

Freisitz, der: Im Spät-MA und in der FN kleinerer herrschaftlicher Wohnsitz im Gebiet der späteren Eidgenossenschaft (CH) mit meist relativ geringem zugehörigem Landbesitz, der keiner höherrangigen Adelsherrschaft, sondern nur dem König des *Heiligen Römischen Reiches Deutscher Nation* bzw. seinem Rechtsnachfolger unterstand. Sein Bezirk war grundrechtlich abgabenfrei und besaß gegenüber dem ihn umgebenden Niedergerichtsbezirk ein verschärftes Sondergerichtsrecht. Nachdem die Niedergerichtsherrschaften im Thurgau 1798 abgeschafft worden waren, war dieser Rechtsstatus nicht mehr gegeben.

Ehem. Freisitz Arenenberg bei Salenstein (TG, CH) auf dem Thurgauer Seerücken über dem Bodensee. Umzeichnung einer Darstellung von 1764 aus dem Rosgarten-Museum in Konstanz (aus: Reisser 1926).

Viele spätma. und fn., mehr oder weniger wehrhafte F.e wurden im 18./19. Jh. umgestaltet und verloren dabei ihren wehrhaften Charakter (Arenenberg, TG).

Fries: Waagerecht verlaufender ornamentierter Streifen am oberen Rand einer (Stockwerks-)Wandfläche oder Teil eines Gebälks.

Frontturmburg (> Burgentypologie: architektonischer Typus): Ein Typus der hoch-, häufiger spät-ma. Burg, meist in Spornlage (> Spornburg) oder auf einem Grat, seltener in Hanglage, bei welcher ein größerer Turm, meist der > Bergfried oder > Wohnturm, zum Schutz dahinter stehender Bauten sowie aus Gründen der Machtinszenierung an der Zugangs- bzw. > Angriffsseite steht. Als frühestes bekanntes deutsches Bsp. gilt Marburg/Lahn (um 1100). Bei F.en konnte der Turm unmittelbar hinter der Wehrmauer stehen (Hohenklingen/Stein am Rhein, CH), in die Wehrmauer einbinden (Reiffersscheid/EU, NRW), bündig in der Wehrmauer stehen (Castell und Neuburg/Mammern, beide TG, CH), bei winkliger Mauerführung in der Ecke stehen (Tengen/Hegau; Hinterburg/Neckarsteinach) und so dem Angreifer zwei Seiten zuwenden, feldseitig aus der Mauer vorspringen (Gutenfels b. Kaub/Rhein, 12./13. Jh.; Kreuzberg/Ahr; Wensburg/AW, beide 14. Jh.). Die Plazierung des Turmes an der > Angriffsseite fand möglicherweise unter Einfluss der Verbreitung weittragender > Wurfmaschinen als Angriffswaffen seit dem fr. 13. Jh. statt. Einige Burgen besaßen Kombinationen aus Bergfried und > Schildmauer (Freienfels/HE, 1. H. 14. Jh.). – Eine der imposantesten spätma. F.en ist Burgschwalbach/Taunus (14. Jh.) mit einer Kombination aus hohem Rundbergfried, spitzwinklig ausspringender Schildmauer und tiefem Halsgraben, durch den der Burgweg führt, eine eindrucksvolle architektonische Machtinszenierung.

Füllmauerwerk > Zweischalenmauerwerk

Burg Gutenfels über Kaub am Mittelrhein (EMS, RP, D). Der Bergfried der romanischen Burg ist gegen das überhöhende Gelände oberhalb der Burg gerichtet (aus: Tombleson 1832).

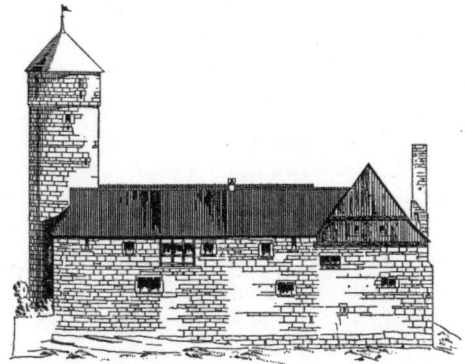

Burg Ludwigstein an der Werra (HE, D). Spätmittelalterliche Frontturmburg (aus: Ebhardt I 1939).

G

Ganerbe > Ganerbenburg

Ganerbenburg (> Burgentypologie: funktionaler Typus): Der Begriff G. leitet sich vom ahdt. Wort *gan* (= gemein[sam]) ab. G. waren

Ganerbenburg

Die Ganerbenburg Schauenburg im Schwarzwald (Oberkirch, BW, D). Wiederaufbaustudie von Prof. Bodo Ebhardt (aus: Ebhardt I 1939).

primär ein spätma.-frühneuzeitliches Phänomen, wenn auch schon im Hoch-MA Burgen geteilt wurden (Saffenburg, AW, RP, 1184). Oft führte Erbfolge zur Besitzteilung innerhalb einer Burg (Langenstein, KN, BW: *Obere* und *Niedere Veste*) oder der Teilverkauf einer Burg (Friedingen, KN, BW), doch werden auch Burgen im gemeinsamen Besitz adeliger Interessensgruppen als G.en bezeichnet. Die verschiedenen Besitzbereiche der Anteilseigner (*Gemeiner*) sind vielfach nicht mehr architektonisch nachvollziehbar, sondern nur über (Burgfriedens-)Verträge zu erschließen, die besagen, welche Bauteile innerhalb der G. gemeinsamer oder „privater" Besitz waren. Die einzelnen Teile einer G. konnten teils deutlich gegeneinander abgegrenzt und separat befestigt sein („Burg in der Burg"), d.h. jeder Bereich war mit eigenem > Wohnturm oder eigener Bautengruppe Wohnbau/> Bergfried/> Ringmauer versehen. Teils hatten große G. alleine oder als bauliche Einheit mit der Burgsiedlung stadtartigen Charakter, wie mehrfach im Spät-MA in der hessischen Wetterau. Verschiedentlich bildeten (hochadelige) Burgen eine bauliche Einheit mit den ihnen angegliederten Burgmannensitzen, wobei jene „reihenhausartige" Einheiten bilden (Gräfenstein/Pfalz) oder voneinander separiert sein (Kasselburg/Eifel) konnten. Vereinzelt sind die Übergänge zwischen G.en und > Burgengruppen fließend.

Geböschte Mauer > Talus

Gebück, das: Pflanzung ineinander verflochtener Hecken als Annäherungshindernis vor einer Wehrmauer oder zusammen mit einem (Wall-)Graben als Befestigung. Das *Rheingauer G./*HE, eine > Landwehr, gehört zu den bekanntesten Anlagen dieser Art in D, so genannt nach den gebogenen („gebückten") Buchen als Kern der Grenzbefestigung, die auf den Ausbau der erzmainzischen Landesherrschaft über den Rheingau zurückging, die unter Erzbischof Adalbert I. v. Saarbrücken (reg. 1111-37) weitgehend abgeschlossen war. Das von Niederwalluf in den Raum Lorchhausen führende, ca. 40 km lange G. bestand „aus einem 50–60 m breiten Streifen von Buchen, Eichen und v.a. Hainbuchen. Die Bäume wurden in wechselnder Höhe über dem Boden abgeschlagen und die neu ausgeschlagenen Zweige kreuz und quer zur Erde ‚gebückt' und untereinander verflochten. Brombeer- und Schwarzdornsträucher pflanzten sich von selbst dazwischen" (Richard Enderich, in: Hessische Heimat, 2, 1966, 35f). Nur einzelne, wehrhafte Torbauten (*Mapper Schanze*, um 1494) ermöglichten im Spät-MA den Durchgang durch die nun bis zu 100 m breite, undurchlässige Pflanzung. Bau, Instandhaltung und Verteidigung erfolgten durch Männer der Anlieger-Orte.

Gegenburg (> Burgentypologie: funktionaler Typus): Öfter wurden im Hoch- und Spät-MA gegen eine Burg oder Stadt einer konkurrierenden Herrschaft gerichtete Trutz-

bzw. G.en erbaut. Vergleichsweise selten kam diesen eine aktive Funktion im Kontext einer Belagerung zu (> Belagerungsburg), wie etwa der Burg Trutzeltz im Rahmen der Belagerung der Burg Eltz 1331/33, die damals mit mehreren G.en umzingelt wurde, oder den gegen die Burg Reifferscheid/EU gerichteten Belagerungsburgen. Manche G.en dienten lediglich dazu, eine Drohkulisse aufzubauen, andere waren immerhin militärisch real nutzbare Stützpunkte, die etwa der Nachschubsicherung oder als > Garnisonsburgen gegen die gegnerische Burg dienen konnten.

Gekuppelte Fenster: Miteinander verbundenen Fenster (> Biforium; > Triforium).

Gerundete Ecken treten, beeinflusst durch franz. Burgen, im 14. Jh. in verschiedenen Regionen in EU auf (u.a. Böhmen, Rheinland, Thüringen, Schweiz).

Geschlechterturm: Innerstädtischer > Wohnturm als repräsentatver Sitz eines Adeligen (Trier) oder des städtischen Patriziats (Regensburg, seit A. 12. Jh., ehemals mehr als 40 G.e). Zahlreiche G.e prägten die Silhouette mehrerer italienischer Städte (Bologna; San Gimignano).

Bologna (I), Torre Garisenda und Torre degli Asinelli (97 m) (Foto: Archiv Losse).

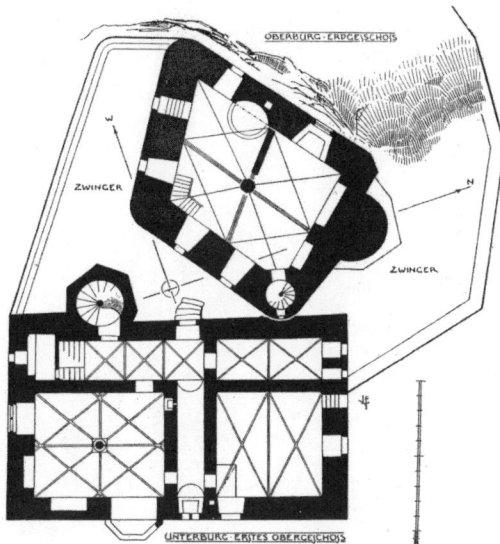

Burg Hermannstein (Wetzlar-Hermannstein, WZ, HE, D). Der Wohnturm des 14. Jh. zeigt die für die Entstehungszeit in manchen Regionen Mitteleuropas typischen gerundeten Ecken (aus: Luthmer 1910).

Geschützturm: Noch in neuerer burgenkundlicher Fachliteratur findet sich z.T. die synonyme Verwendung der Begriffe G., > Rondell, > Batterieturm und > Bastion, doch sind dies nach burgen-/festungskundlichen Definitionen verschiedene Bauten: Als G. bezeichnet man zur Verteidigung mit größeren Feuerwaffen ausgestattete Bauwerke, deren Höhe i.d.R. größer ist als ihr Durchmesser und die, so sie in eine > Wehrmauer bzw. einen > Wall einbinden, die anschließende/-n

Geschützturm

Altes Schloß in Meersburg am Bodensee (FN, BW, D) mit spätmittelalterlichen Flankierungstürmen für leichtere Feuerwaffen (> Feuerwaffenturm) (aus: Blaue Bücher 1913).

flankierende Bauten zur Verteidigung mit Geschützen, die Rondelle. Zu korrigieren ist die alte These von der linearen Entwicklung, weg von hochaufragenden G.en über Rondelle bzw. *Basteien* hin zu Bastionen. Im Bodenseegebiet wurden Geschütztürme noch im 16./17. Jh. aufgestockt (Überlingen Stadtbefestigung), gleiches gilt sogar für einige Rondelle (Burg Mägdeberg/Hegau).

Gesims: Architekturglied zur horizontalen Gliederung einer Fassade (u.a. Sockel-, Gurt-/Geschoss-, Dach-G.).

Gewände: Tür- oder Fenster-Einfassung, oft aus Werkstein.

Gipfelburg (> Burgentypologie: topographischer Typus): Eine Burg, die auf einem Berggipfel steht. Der Beginn der klassischen G. lag im 10./11. Jh. Auftraggeber waren meist Angehörige des dynastischen Hochadels. Viele hochma. Burgen erheben sich auf Gipfeln; die ihr Umfeld optisch „beherrschende" G. ge-

> Kurtine/-n um mindestens ein Geschoss überragen. Ist das Bauwerk gleich hoch wie oder nur unwesentlich höher als die Kurtine, so ist es ein Rondell. Ist der Turm nur zur Verteidigung mit leichteren Handfeuerwaffen eingerichtet, so ist er ein > Feuerwaffenturm. Die Bezeichnung G. bezieht sich auf die primäre, nicht auf die einzige Verteidigungsmöglichkeit der Türme. Die meisten G.e kamen als flankierende, meist gerundete Türme an Burgen und Stadtbefestigungen im Spät-MA und in der FN vor. G.e wiesen gegenüber > Flankierungs- und > Feuerwaffentürmen größere Durchmesser und Mauerstärken auf. Ab etwa 1500 entstanden neben G.en verstärkt niedrigere, meist runde oder zungenförmige, seltener polygonale

Godesburg am Rhein (Bonn-Bad Godesberg, NRW, D), idealtypisches Beispiel einer hochmittelalterlichen Gipfelburg (Kupferstich aus: Merian, Topographia Archiepiscopatum Moguntinensis, Trevirensis et Coloniensis, 1646).

hört zu den Klischeebildern vom MA (Nürburg/Eifel; Wartburg/TH). Im Spät-MA wurden in vielen Regionen bevorzugt Bergsporne als Burgstandorte gewählt (> Spornburg), doch entstanden bis ins 14./15. Jh. G.en als Neubauten (Neuhewen/Hegau). Problematisch ist die Bezeichnung G. für Burgen auf einem Gipfelplateau, die sich den Standort mit einem oder mehreren anderen Gebäude/-n teilen oder für solche, die sich über den Gipfel und mindestens einen Hang erstrecken (Hohentwiel, spätma. Ausbau). Fließend sind Übergänge zur > Gratburg, wobei letztere den gesamten Berggrat (Wartburg) oder nur einen Teil des Grates einnehmen kann. Als Sonderformen gibt es Burgen, die unmittelbar neben einem Gipfel stehen (Werneseck/Eifel) oder bei denen ein Sporn einen Gipfel ausbildet.

Glacis, das: (Meist flache) Erdschüttung vor dem äußeren Grabenrand (> Graben) bzw. dem Gedeckten Weg einer bastionären > Festung. Nach außen flach abgesenkt, kann das G. vom Gedeckten Weg und anderen Feuerstellungen aus bestrichen werden. Das G. hatte bei der Stadtfestung neben der Deckung der Eskarpenmauer (> Eskarpe) die Aufgabe, zusammen mit dem > Gedeckten Weg das unmittelbare Vorfeld zu sichern; auch war es die Basis für Ausfälle (> Poterne). Frühe G.-Formen gab es an Festungen des Johanniter-Ritterordens in der Ägäis, z.B. an der Burg St. Peter in Bodrum (TR) im letzten Ausbauzustand um 1520.

Graben: Künstlicher Erd- oder Felseinschnitt als Annäherungshindernis vor dem Wall oder der Wehrmauer einer Befestigung. Bereits an Wehrbauten der Jungsteinzeit bezeugt. Grundsätzlich unterschieden werden Spitz-G. (häufig bei röm. Befestigungen) und Sohl-G., letzterer mit ebener Fläche. Ein G. konnte die gesamte Burg umgeben (Ring-G.)

Kyburg (Kyburg, ZH, CH). Ein Halsgraben trennt die Burg vom anschließenden Gelände (Kupferstich aus: Merian, Topographia Helvetiae, 1642).

oder Teile der Anlage sichern (Abschnitts-G.; Hals-G., letzerer an > Hang- oder > Spornburgen). (S.a. Eskarpe.)

Grabenwehr > Kaponniere
Grottenburg > Höhlenburg
Gusserker > Wurferker
Gussloch: Öffnung im Scheitel eines Torgewölbes, dem jedoch meist eher die Funktion einer Kommunikationsöffnung zukam, da durch solch kleine Öffnungen keine effektive Bekämpfung eingedrungener Angreifer zu erreichen war.

H

Hakenbüchse (Arkebuse, Hakebuse): Im Zeitraum um 1420/um 1530 gefertigte, oft aber noch länger genutzte Vorderlader mit einem Haken zum Auffangen des Rückstoßes. Der Haken saß meist an der Rohrunterseite, seltener an jener des Schaftes; er wurde vor ein quer in die Schießscharte gesetztes Prellholz oder in eine Vertiefung eingehakt, konnte aber auch auf einem Dreifuß aufgelegt sein. Die Größen der H.n variierten (kleinere ca. 1 m lang, 15 kg; Doppelhaken ca. 2 m, 30 kg).

Halbmond (franz. *demi lune*): In der frühneuzeitlichen Bastionärbefestigung (> Bastion) vor einer > Kurtine frei im > Graben stehende, 3- oder 5-eckige Werke. Sie entwickelten sich aus den eigentlichen Halbmonden, wie sie A. 16. Jh. im ägäischen Johanniter-Ordensstaat vorkamen (Kástro Antimacheía/Insel Kós, GR) und bald in D übernommen wurden (Hanau, 1523/40; München). Als > Außenwerke hatten sie urspr. vielfach die Aufgabe der Torsicherung. Typologische Ähnlichkeiten bestehen mancherorts zu Torzwingern und > Barbakanenen.

Burg Neukatzenelnbogen am Mittelrhein (St. Goarshausen, RP, D) gen. *Katz*, 14. Jh., eine Höhenburg in überhöhter Hanglage (historische Ansichtskarte).

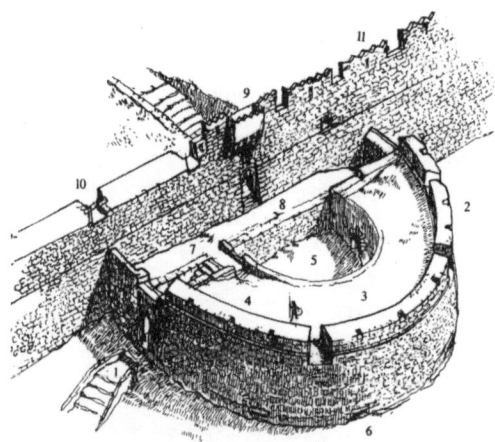

Kástro Antimacheía (Antimacheía, Insel Kós, GR). Halbmond vor dem Haupttor; Zeichnung von Dr. Stephen C. Spiteri, Malta (aus: Spiteri 1994).

Halbschalenturm > Schalenturm
Halsgraben > Graben
Hangburg (> Burgentypologie: topographischer Typus): Die H. gleicht in Ausprägung und Baumerkmalen meist der > Spornburg, doch ist ihr Bauplatz meist durch künstliche Terrassierung aus dem Hang herausgearbeitet. Manchen H.en ist bergseitig eine > Schildmauer oder ein Turm (> Frontturmburg) vorgelegt, um ihre Gebäude gegen die Geländeüberhöhung zu schützen. Durch einseitige bauliche Erweiterung einer > Gipfelburg konnte diese u.U. eine Mischform aus H. und > Gipfelburg darstellen (Manderscheid/Eifel: Niederburg). Selbst > Wasserburgen konnten als H.en ausgebildet sein (Hagenwyl/TG, CH).

Hausrandburg (> Burgen-Typologie: architektonischer Typus): Burgentyp, bei dem Gebäude zur Materialersparnis und/oder aus Platzmangel an die Innenseite der > Ringmauer angefügt sind (Seinsfeld/Eifel). Den Typus gab es schon im 12./13. Jh. als > Ringhallenburg (u.a. Kreuzfahrerburgen; Kastellburgen Kaiser Friedrichs II. in S-Italien), doch entstanden die meisten H.en durch Erweiterungen teils erst im Spät-MA (Burg

Hocheingang **63**

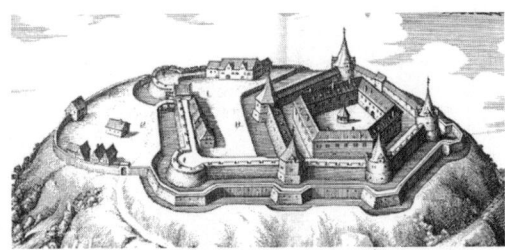

Burg/Festung Rothenberg bei Schnaittach (BY, D) in der Fränkischen Alb. Die mittelalterliche Hauptburg wurde durch Umbauung des Hofes im Laufe der Jahrhunderte zu einer Hausrandburg (Kupferstich aus: Merian, Topographia Franconiae, ²1656).

Eltz) oder in der FN (Büdingen/HE; Marksburg/Rhein).

Hocheingang: In ma. Burgen, v.a. bei > Bergfrieden, häufige Form des Zugangs in Höhe des 1. OG oder eines höheren Geschosses (in 3-8 m Höhe, selten über 10 m). Schon in der Antike bekannt (u.a. Limes-Wachttürme), aber auch an ma. Kirchen vorkommend (kein Indiz für > Wehrkirche!), ebenso an > Wohntürmen (GB, F, SP, etc.), frühneuzeitlichen > Wachttürmen und Forts (Malta). In manchen Fällen waren H.e über ein benachbartes Gebäude zugänglich (Nürburg/Eifel), andere von > Wehrgängen, die

Schematische Darstellung einer spätmittelalterlichen Burg (aus: Konrad Kyeser: Bellifortis, um 1405): Bergfried mit Hocheingang, durch eine Leiter erschlossen (Umzeichnung aus: Piper ³1912).

meisten wohl durch Leitern oder hölzerne Treppen, darauf verweisen Reste von Podesten vor vielen H.en (Konsolen, Balkenlöcher, etc.). Einzelne dieser Podeste trugen einen erkerartigen Vorbau. Wenn auch einzelne H.e über eine kleine Zugbrücke zugänglich waren (Burg Freckleben: Scharnierstein am Bergfried), hatten diese meist nur eingeschränkt Schutzcharakter; im MA waren Außenerschließungen von Gebäuden generell verbreitet. Die weitverbreitete Meinung von Leitern, „die im Bedarfsfall schnell hochgezogen werden konnten" ist in den meisten Fällen praktisch nicht umsetzbar: Wie soll eine bspw. 10 m lange Leiter in einen Innenraum mit 3-4 m Ø gezogen werden? Innen waren viele H.e durch Riegelbalken zu sichern. Primär waren H.e eher symbolisch als praktisch bedingt (s. z.B. Joachim Zeune).

Burg Runkelstein (Ritten, Südtirol, I). Zwei Hocheingänge eines Wohnbaues (aus: Piper ³1912).

Höhenburg (> Burgentypologie: topographischer Typus): Die H. stand im Gegensatz zur > Niederungsburg auf einer Anhöhe (Berggipfel, -sporn, -grat, -hang oder am Rand eines Plateaus); sie konnte auch in einen Fels (> Felsenburg) oder ein Höhle (> Höhlenburg) eingefügt sein. Zu den H.en gehören u.a. > Gipfel-, > Sporn- (auch Zungen-), > Plateaurand-, > Hang-, > Felsen- und > Höhlenburgen, die sich nicht in allen Fällen klar gegeneinander abgrenzen lassen. Auch erlaubt diese Form der topographischen Typologisierung keine Rückschlüsse auf die jeweilige Entstehungszeit und Funktion. Unter den ältesten H.en finden sich frühma. Großburgen (7.-10. Jh.), die vom König oder anderen hochrangigen Bauherren erbaut, Verwaltungs- und Militärfunktionen gleichermaßen erfüllten, aber auch Schutzfunktionen haben konnten. Diese Großburgen des Früh-MA nahmen vielfach ganze Bergplateaus ein, die Umfriedungen folgten dem Verlauf der Plateaukante. Seit dem 10./11. Jh. entstanden zunehmend > Adelsburgen als befestigte, repräsentative Wohnsitze adeliger Familien, die den repräsentativen Wert von Höhen- und Gipfellagen schätzten (Hohenhewen; Hohenstoffeln; Hohentwiel, 10. Jh.). Burgen waren spätestens jetzt „Symbole der Macht" (Zeune 1994). War es anfangs fast nur der dynastische Hochadel, der solche Burgen baute, begannen ab dem 12. Jh. auch Niederadelige mit dem Bau dominierender Höhenburgen, und bald folgten Ministeriale. Die H. zeigt tendenziell einen an der Bergform orientierten, in der Ausformung meist ovalen oder polygonalen Grundriss (regelmäßige Formen waren meist nicht umzusetzen und nicht angestrebt) unter weitgehender Vermeidung einspringender Winkel. Der Wohnbau überragt die > Ringmauer kaum, der > Bergfried oder > Wohnturm bildete die Dominante. Die Gebäude waren oft aus Materialersparnis und Platzmangel an die Innenseite der Ringmauer angefügt (bei fast geschlossener Gebäudereihung ringsum > Hausrandburg genannt).

Höhlenburg (> Burgentypologie: topographischer Typus). Oberbegriff für ma. Burgen, die ganz oder größtenteils in oder vor eine natürliche oder künstliche Höhle, Grotte, Balm etc. gesetzt wurden (verbreitet u.a. in Graubünden/CH; S-Tirol). Heute wird eher der Begriff > Höhlungsburg dafür verwendet. Die neuere Burgenforschung differenziert

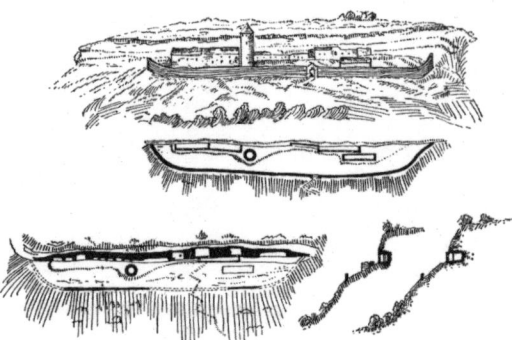

Höhlenburg Buchfahrt (TH, D) im Ilmtal (aus: Ebhardt I 1939).

Höhlenburg Kosel (auch: Cosel, ital. Covelo, I) an der italienisch-österreichsichen Grenze (Kupferstich aus: Merian, Topographia Austriacarum, 1645).

Hurden **65**

Höhlenburg Zur Leyen bei Ürzig (RP, D) an der Mosel (Foto: M. Losse).

folgende Untergruppen (Bitterli 2012; Keller 2014), die sich jedoch nicht immer fest voneinander abgrenzen lassen:

Balmburg: Standort unter einem Felsüberhang, unter den gemauerte Bauten gesetzt wurden, wobei der Fels meist nur die Rückwand der Burg bildete.

Grottenburg: Standort in einer größeren natürlichen Grotte, der auch seitlich durch Felswände begrenzt ist. Der Zugang und zumindest Teile der Seitenwände mussten durch Mauern gesichert werden.

Höhlenburg: Die natürliche Höhle reicht weit in den Fels hinein und ist zumindest 3-seitig geschlossen; lediglich die Zugangsseite muss mit einer Mauer geschlossen werden (Ürzig/Mosel: Burg Zur Leyen: Zugangsseite durch eine hohe, rechtwinklig ausspringende Mauer geschlossen, so dass sich die Fernwirkung eines Turmes ergibt).

Zudem gab es Kombinationen aus den geschilderten Untertypen mit außerhalb der Höhle gelegnenen Bauten, etwa einer Vorburg (Goldbach/Bodensee: Heidenhöhlen, Vorburg). Auch manche > Felsenburgen zeigen Parallelen zu H.en. – Schon in der Antike wurden Höhlen, Grotten und Balme in Wehrbauten und Adelssitze integriert (Balmburg Kástri/Insel Kálymnos, GR, 4. Jh. v. Chr.) oder gar ganze Felsen ausgehöhlt, etwa in Kappadokien/TR (Ortahisar; Uçhisar). Manche als H. bezeichneten Befestigungen entstanden offenbar erst nach dem MA (Schwedenfeste b. Hohenfels/Eifel).

Höhlungsburg (> Burgentypologie: topographischer Typus): Burgen, deren Räume in natürlichen oder künstlich gewonnenen Felsräumen eingerichtet waren; dazu gehören: Balmburgen, Grottenburgen, > Höhlenburgen. S.a. > Felsenburgen.

Hofmarkschloss (> Burgentypologie: funktionaler Typus). Burg oder Schloss als Verwaltungssitz einer Hofmark in Bayern.

Hoher Mantel > Mantelmauer; > Schildmauer

Hurden: Über die Wehr- oder > Ringmauer bzw. die Außenwand eines Burggebäudes

Burg Landshut über Bernkastel (Bernkastel-Kues, RP, D) an der Mosel. Hölzerne Hurden umgeben den Bergfried auf etwa halber Höhe. Rekonstruktion nach G. Fischer, 1894 (aus: KD Bernkastel 1935).

feldseitig vorkragende Wehrgänge, aus denen durch Luken im Fußboden Angreifer am Fuß der Mauer oder in deren unmittelbarem Vorfeld bekämpft werden konnten (Steinwürfe, Direktbeschuss). Ab 12. Jh. bezeugt, v.a. aber im Spät-MA vorkommend, sind diese hölzernen Aufbauten selten im Original erhalten (rekonstruiert in Caerphilly Castle/CYM), mancherorts jedoch anhand horizontaler Balkenloch- oder Konsol-Reihen nachweisbar. (S.a. > Maschikulis.)

I

Innenschale > Zweischalenmauerwerk
Inselburg (Burgentypologie: topographischer Typus): Eine Form der > Wasserburg, die auf einer natürlichen Insel in einem Fluss (*Pfalz*

Burg Pfalzgrafenstein, genannt *Pfalz bei Kaub* im Rhein (Kaub, EMS, RP), hervorgegangen aus einem Zollturm (aus: Blaue Bücher 1913).

bei Kaub am Rhein; *Schlößli Wörth* am Rheinfall, CH), einem See (Schloss Chillon, Genfer See, CH) oder einer Meeresbucht (*Bourtsi* bei Nafplion, GR) steht und dabei die kleine Insel mehr oder weniger vollständig überbaut.

J

Jugendburg: Eine als Jugendherberge (JH) genutzte und dazu ausgebaute Burg oder der Neubau einer JH mit prägenden Burgelementen. 1909 wurde die erste deutsche JH in Burg Altena NRW eingerichtet, die weltweit erste J. In den nächsten 25 Jahren folgten zahlreiche andere. In die 20er Jahre fallen mehrere, nach Maßgaben des Heimatschutzes durchgeführte Ausbauten zu J.n, bei denen sich Architekt Ernst Stahl, Mitbegründer des Internationalen Burgen-Institutes, auszeichnete; denkmalpflegerisch mustergültig waren mehrere seiner J.en im Rheinland (Stahleck) und in der Eifel (u.a. Blankenheim; Monschau). Der 1919 in der Burgruine Freudenkoppe/Eifel gegründete *Nerother Wandervogel* sah als „erste Aufgabe" den „Bau einer J. als Zentrum für den Rheinischen Wandervogel." Nach dem ersten Wandervogeltreffen auf Burg Waldeck/Hunsrück 1911 wurde diese im März 1920 zur *Rheinischen J.* bestimmt und am 23.5.1920 der Bund zur Errichtung der Rheinischen Jugendburg e.V. gegründet. Der Bund begann mit der Sammlung von Geld zum Bau. Am 27.3.1921 stieß der *Nerother Wandervogel* als „Jungenbund" dazu; er sollte beim Bau der J. das „belebende jugendliche Element" bilden. Am selben Tag war auf Burg Drachenfels/Pfalz RP der *Nerother Wandervogel Deutscher Ritterbund e.V.* gegr. worden. 1922 war der Jugendburgbund finanziell in der Lage, das Baugelände seiner zukünftigen *Rheinischen Jugendburg* zu erwerben; am 10.5.1922 zog die *Bauhütte Rabenklaue* des Nerother Bundes auf Waldeck ein, um mit den Vorarbeiten zum Bau zu beginnen. 1922-24 lebten 8-10 Mitglieder der Bauhütte in der Burgruine. Ein Burggarten wurde geschaffen, verschiedene provisorische Räume hergerichtet (u.a. Bauhütte, Turm, Kapelle, Keller). Es folgten Auseinandersetzungen mit den Denkmalschutzbehörden, da die Pläne des Architekten Buschhüter keine Rücksicht auf ma. Baureste nahmen, sondern die Errichtung eines Phantasiegebildes vorsahen, dass mit einer ma. Burg kaum etwas gemein hatte. Im Herbst 1924 stand der erste Wohnbau, eine Holzbaracke. Es folgte die Eingliederung des ‚Nerother Wandervogels' in den Jugendburgbund. 1926 zerstörte ein Brand die Baracke auf Waldeck; mit ihr gingen zahlreiche Akten und Dokumente des Bundes verloren. An seiner Stelle entstand bis zum Juli ein neues Fachwerkhaus. 1930 konnte dann das eigentliche Wohngebäude eingeweiht werden. Erst 1970 war dann der W-Flügel der *Rheinischen Jugendburg* Waldeck im Rohbau fertiggestellt. 1935 löste Bundesführer Robert Oelbermann den Bund zur Errichtung der Rheinischen Jugendburg e.V. auf. 1936 wurde Oelbermann auf Initiative der HJ verhaftet; 1941 starb er in Dachau. Die Jugendbewegung war durch den Nationalsozialismus aus-, z.T. gleichgeschaltet worden. Die J.-Idee wurden in der NS-Zeit aufgegriffen (> NS-Ordensburg).

K

Kachelofen: Da selbst große > Kamine einen größeren Raum nicht ausreichend heizten, war die Einführung des K.s eine wichtige Innovation. Die ältesten Funde, welche die Existenz von K. belegen stammen aus dem sp. 11. Jh. (Frohburg, Kt. Solothurn, CH). Ein K. bestand aus einem geschlossenen, gemauerten Ofen mit kuppel- oder tonnenför-

Jugendburg Monschau (NRW, D). Ausbauplanung der Teilruine durch Ernst Stahl. Schnitt durch die Auffahrt zum Hochschloss, vor 1927 (oben), und Studie zum Ausbau als Jugendherberge (Zeichnungen von Ernst Stahl, Archiv der Deutschen Burgenvereinigung, Braubach).

Kachelofen mit Becherkacheln (Eintiefung = Vergrößerung der Wärme abgebenden Oberfläche) auf einem Fresko des 14. Jh. in Konstanz (BW, D). Umzeichnung (aus: Boxler/Müller 1990).

migem Aufbau auf einem Sockel. Er konnte vom Raum oder von einem Nachbarraum bzw. Gang aus befeuert werden. Im Gegensatz zum Kamin hielt der K. die Wärme länger und minderte die Brandgefahr. Becherkacheln, die tief in den Ofen hineinragten, führten infolge der Oberflächenvergrößerung zu größerer Wärmeabgabe. K. nutzte man nicht nur zum Heizen, sondern auch zum Aufwärmen von Speisen, Trocknen von Obst und Wäsche oder zum Ausbrüten von Eiern. Im Spät-MA hatten K. eine wichtige repräsentative Funktion. Glasierte Ofenkacheln (dunkelgrün, cremefarben), oft mit (figürlichen) Reliefs, zierten das Äußere.

Kaiserpfalz > Pfalz

Kamin (lat. *caminus*): Offene, gefasste Feuerstelle zum Verbrennen von Holz (regional auch Torf) zur Beheizung eines Innenraumes. K.e sind in EU seit gut 800 Jahren bezeugt, anfangs wohl als häusliche Koch- und Bratstelle und zur Raumbeheizung. Ein K. setzt sich aus Feuerraum (aus feuerfestem Materi-

Burg Eltz (Wierschem, MYK, RP, D). Innenraum mit Kamin (aus: Piper ³1912).

al), Rauchsammler (Esse) und Rauchableitung zum Schornstein zusammen. Konsolen bzw. bei größeren K.en 2 Steinstützen (Säulen, Pfeiler) trugen eine an die Wand gelehnte schräge K.-Haube aus Stein oder lehmverkleidetem Holz. In bedeutenderen spätma. Burgen und frühneuzeitlichen Schlössern waren K.e oft sehr repräsentativ gestaltet. – Meist waren dem K. am nächsten gelegene Plätze an einer Tafel bzw. in einer Gesellschaft den hochrangigsten Personen vorbehalten.

Kampfhäuschen: Im NO Deutschlands (Brandenburg, Mecklenburg, Vorpommern, aber auch im Niederrheingebiet, z.B. Köln) gab es *Weich-*, *Wich-*, *Wiek-*, *Wik-*, *Wykhaus* (niederdt. *Wikhus*; niederrhein. *Wiechhaus*) genannte Verteidigungseinrichtungen. Die offenbar seit dem 14. Jh. bezeugte Bennenung leitet sich vom mhdt. Wort *Wic* (Kampf) ab. K. waren in Abständen über die Feldseite ma. Stadtmauern auskragende Aufbauten zu flankierender Verteidigung (Streichwehr), in manchen Städten als Mauerhäuser oder -türme ausgeprägt. Mancherorts wurden ganze Stadtmauertürme so genannt. In NO-Deutschland waren sie im Alltag als Wohnhäuser genutzt. Markante Bspe. boten bzw.

Schloss Liebenfels (Herdern, TG, CH). Kamin im obersten Turmgemach. 1. Dr. 16. Jh. (aus: Rahn 1899).

Kaiserburg Eger (CZ). Romanische Doppelkapelle, Längsschnitt (aus: Piper ³1912).

Deutschordensburg Marienburg (heute Malbork, PL). Gotische Kapelle an der Hauptburg (aus: Winnig 1940).

bieten die Städte Berlin, Friedland, Neubrandenburg (mehrere in DDR-Zeit in den 1970er/80er Jahren frei rekonstruiert), Prenzlau, Rostock, Strausberg, Templin.

Kanonenscharte > Schießscharte

Kapelle: Zum Klischee von „der ma. Burg" gehört die Burg-K., doch nicht in jeder Burg gab es eine K. Manche verfügten nur über **Tragaltäre**, die in einem Innenraum aufgestellt wurden. In anderen kleineren Burgen finden sich an Wohnräume angefügte **Kapellenerker** (Burg Eltz). Nicht immer war eine K. als eigenständiger Bau ausgebildet. So gab es **Torkapellen**, im Torbau/-turm über der Durchfahrt eingerichtet (Wildenburg/Odenwald); ihnen kam eine apotropäische Funktion zu (> Apotropäon). Auch gab es K.n innerhalb von Wohnbauten und Wohntürmen (Mürlenbach RP). – Eine besondere, hochrangige Form war die **Doppelkapelle** mit 2 übereinanderliegenden, durch eine Öffnung mitten im Schiff miteinander verbundenen Sakralräumen, die ihr Hauptvorbild in der Kapelle der Pfalz Aachen Kaiser Karls d. Gr. hatten. Daher gab es Doppelkapellen v.a. in königlichen (Nürnberg) und hochadeligen Burgen (Are/Ahr) sowie an Bischofssitzen (Speyer; Worms). Häufig waren die beiden Sakralräume als Vierstützenräume ausgebildet, doch gab es auch kreuzförmige Doppelkapellen mit Querarmen (Schwarzrheindorf/NRW; Sayn/RP).

Kapellenerker > Kapelle

Kapitell: Kopfstück einer Stütze (Säule; Pfeiler), oft künstlerisch gestaltet.

Burg Schwarzrheindorf (Bonn-Schwarzrheindorf, NRW, D). Doppelkapelle, Säulen mit reich gestalteten Kapitellen an der Zwerggalerie (aus: Bock 1868/75).

Kaponniere (Grabenwehr): Die K. ist ein Hohlbau im Graben, oft senkrecht zur > Kurtine, zur Verteidigung nach zwei Seiten angelegt oder auf einer Ecke der Wehrmauer bzw. eines Außenwerkes als gerundeter/polygonaler Bau zur Rundumverteidigung (Munot, Schaffhausen, CH). Nach derzeitiger Kenntnis der Festungsforschung könnten die ersten bekannten K.n A. 16. Jh. an der Festung Rhódos/GR entstanden sein (s. Jäger 1992). K.nartige Bauten gab es auch an Gebäudeecken außerhalb von Gräben (Schloss Langenstein, Hegau).

Stadtbefestigung Rhódos (Insel Rhódos, GR). Kaponniere, bez. 1512 (Foto: M.Losse).

Stadtbefestigung Schaffhausen (SH, CH), Munot, Kaponniere. Aufriss (2a) und Grundriss (2b). Kaponniere. Zeichnung von Eugène Viollet-le-Duc (1814-79).

Kastellburg (> Burgentypologie: architektonischer Typus): Waren Grundrisse früh-/hochma. Burgen meist dem Gelände angepasst, so gab es im Spät-MA Tendenzen zu kompakten Anlagen erkennen, deren Bauten einem Gesamtplan folgen. Zu den neuen architektonischen Typen gehörten die K.en, die Repräsentation und Wehrhaftigkeit durchdacht kombinierten. K.en mit runden Eck-/Flankierungstürmen wurden seit der Zeit König Philippes II. Auguste von F (1180-1224) zu einem königlichen Burgentyp (Französischer Kastelltyp), den bald der Adel der Ile de France übernahm. Zusammen mit den K.en Kaiser Friedrichs II. (1212-50) in S-Italien und Sizilien (Catania; Syracus) – einige haben rechteckige Türme – und den im letzten V. 13. Jh. erbauten englischen Königsburgen in Wales (Caerphilly) gehören sie zu den hochrangigen K.en in EU. Eindrucksvolle K.en entstanden ab 13. Jh. in Savoyen (Chamvent/CH, um 1250). In D sind Lahr/BW (1218/25) und Neuleiningen/RP (1238/41) frühe K.en. Im Rheinland war die trierische Burg Welschbillig (um 1250) eine frühe, rechteckige Burg dieses Typs. Konflikte zwischen dem Trierer Erzbischof und der Abtei Prüm bedingten in Mürlenbach/Eifel (vor/um 1300) die Typwahl, wobei die Burg hochma. Polygonalgrundrissen verhaftet blieb, obwohl Struktur und Wehrelemente (> Schießscharten) auf F verweisen. Meist wurde der französische Kastelltyp nicht übertragen, sondern regionalen Traditionen und Ansprüchen des Bauherren angepasst (Mayen, um 1280; Bad Münstereifel). K.en entstanden A. 14. Jh. im Backsteingebiet von Niederrhein und Nordeifel (Moyland; Zülpich) sowie in anderen Teilen der Eifel (Sinzig, 1337ff; Wernerseck, ab

1402), teils mit sehr dünnen Ecktürmen (Dodenburg). Ein bedeutendes spätma. Bsp. ist die Moritzburg/Halle. Durch Anfügung turmbesetzter Zwinger an unregelmäßige hochma. Burgen konnte die Fernwirkung einer K. entstehen (Nürburg, um 1300/A. 14. Jh.). Die Trendelburg/HE (1443/56) ist eine 5-eckige K.; ein Turm ist als > Bergfried ausgebildet. – Der Johanniter-Ritterorden tradierte den regelmäßigen Kastelltyp vereinzelt E. 14. Jh. bei ägäischen Ordensburgen (GR: Kós/Insel Kós, runde Türme; Apolakkía/Insel Rhódos, rechteckige Türme). In HE entstanden E. 15. Jh. frühe > Festungen als steinerne rechteckige

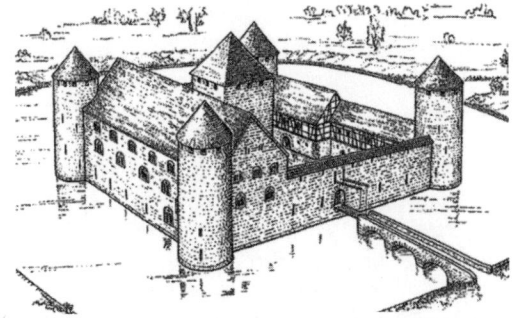

Kastellburg Lahr (BW, D) im Schwarzwald, stauferzeitlich (aus: List 1966).

Kastellburg Beaumaris Castle (CYM, GB) auf der Insel Anglesey in Wales, erbaut unter König Edward I. von England (reg. 1272-1307) (historische Ansichtskarte).

Kastelle mit runden Ecktürmen/> Rondellen (Friedewald; Herzberg; Ockstadt); vergleichbar ist die Burg Schmachtenberg/BY. – Seltener waren K.en mit eckigen Türmen (mitteleuropäischer Typ; Durdík 1994). Die Johanniterburg Belvoir/IL (um 1168/75) hat 2 Beringe, der äußere mit flankierenden Türmen auch in der Mitte der Kurtinen. In D sind solche Kastelle selten, häufiger sind sie in Italien (Augusta; Prato, 2. V. 13. Jh.; Ferrara). Bei manchen frühen Bauten dieses Typs fluchten die Türme mit der Ringmauer (Diósgyőr/H), d.h., sie flankieren sie nicht oder sie haben flankierende und fluchtende Türme (Wien; Kadan/CZ). Unter den osteuropäischen Deutschordensburgen gab es eine modifizierte Form des mitteleuropäischen Typus (Rheden/PL, mit > Tourellen). – Tradiert wurde der Typus der K. in vielen spätma. und frühneuzeitlichen Herrenhäusern und > Festen Schlössern.

Katapult > Wurfmaschine

Kemenate, die (mittellat. *caminata*, mhdt. *kem(e)nāte*, ahdt. *chemināta*): Beheizbarer Innenraum (lat. *caminus*: > Kamin). Im 19. Jh. romantisierend als „einzig beheizbarer Raum" einer Burg und daher „Aufenthaltsraum der Frauen" gedeutet. Heute wird der im 14./15. Jh. in Schriftquellen bezeugte auf einzelne, historisch so benannte Bauten bezogen, die verschiedene Ausformungen haben konnten, so in N-Deutschland als kleine, rechteckige bis quadratische Bauten mit teils gewölbtem UG und beheizbarem OG. – K. ist teils als Ortsname überliefert (Weiler Kemnath anstelle des heutigen München-Nymphenburg).

Kirchenburg: Selbst in der Burgenforschung oft undifferenziert genutzter Begriff; hier als aus Wehrkirche und Wehrkirchhof zusammengesetzte Einheit verstanden, wie es sie z.B. sehr zahlreich in Siebenbürgen/RO gab

Kirchenburg

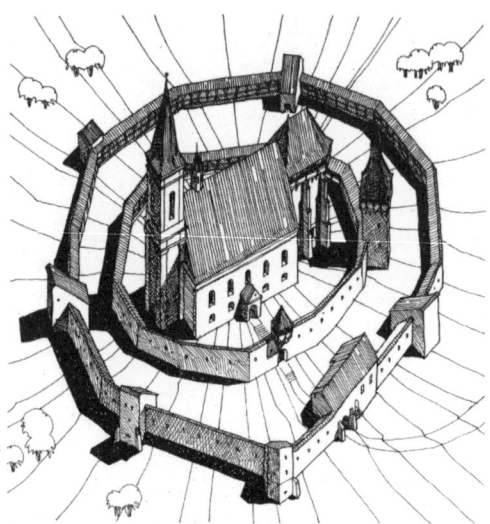

Kirchenburg Bulkesch (RO) in Siebenbürgen (aus: Fabini 2002).

(s.u.). Zum besseren Verständnis von K.en müssen hier vorab deren 2 Elemente betrachtet werden.

Wehrkirchhof. Dörfliche Kirchhöfe waren im MA Begräbnisstätten und zudem Rechtsorte und damit öffentliche Plätze. Wie die Kirche selbst, wurde seit 12. Jh. ein neuer Friedhof durch einen Bischof/einen von einem Bischof beauftragten Geistlichen geweiht. Meist war der Kirchhof durch eine Ringmauer als Rechtsbezirk umgrenzt. Damit war die Kirchhofmauer aber noch keine Wehrmauer und der Kirchhof kein W., zumal die Befestigung von Kirchhöfen auf Synoden wiederholt untersagt wurde (St. Omer 1099; Magdeburg 1261; Würzburg 1287; Mainz 1310), doch gab es wohl immer wieder Verstöße. Im Spät-MA entstanden dann zunehmend W. in manchen Regionen im *Heiligen Römischen Reich Deutscher Nation*. Impulse zur Befestigung sakraler Bereiche gaben regionale Konflikte, die Hussitenkriege (1420er/30er Jahre) und die „Türkenangst" nach dem Fall der byzantinischen Hauptstadt Konstantinopel 1453. Kirchhofmauern wurden im 15. Jh. mancherorts mit > Schießscharten, > Wehrgängen und teils mit mehr oder weniger wehrhaften Torhäusern versehen; selten fanden sich > Flankierungstürme. Bedeutende Wehrkirchhöfe liegen in Franken, Thüringen und Hessen; in Hessen besitzen viele Dorfkirchen etwa ovale, seltener rechteckige Kirchhofsummauerungen (Roßdorf), teils mit Torhäusern (Ebsdorf) und Schießscharten (meist 15. Jh.). In der Pfalz ist der Kirchhof Dörrenbach (annähernd rechteckig, runde Eck-/Flankierungstürme, 14. Jh., nach Zerstörungen 1460 und 1528 erneuert, streckenweise mit > Zwinger) zu nennen; im Elsass sind Hartmannsweiler und Hunaweier (Kirche erhöht, von 3-4 m hoher Mauer in unregelmäßigem 6-eck umgeben, an den Ecken gerade und runde Türme, 5 m Ø, mit je 3 Gewehrscharten, Torturm) vergleichbare Anlagen. – Vermutlich rührt das Klischee von den vielen wehrhaften Kirchhöfen daher, dass noch Militärhandbücher des 20. Jh. darauf verwiesen, im Kontext von „Dorfgefechten"

Wehrkirche Großrückerswalde (SA, D) im Erzgebirge (aus: Ebhardt III 1959).

könnten Kirchhöfe zum „Reduit" werden (H. Frobenius: Militär-Lexikon. Handwörterbuch der Militärwissenschaften. Berlin 1901).

Wehrkirche: Viele ma. Kirchen in D wurden/werden in der Literatur, v.a. von Heimatforschern und Kunsthistorikern, als W.n bezeichnet. Licht-/Luftschlitze in Kirchtürmen wurden als Schießscharten fehlinterpretiert, doch waren Schießscharten im heutigen D bis E. 13. Jh. noch nicht verbreitet (Biller 1993). Am Inneren vieler Schartennischen ist zu erkennen, dass die Maße der Licht-/Luftschlitz-Innenöffnungen meist so gering sind, dass sie weder für den Einsatz einer Armbrust noch für Bogenschützen nutzbar waren. Um eine Maueröffnung effizient als Schießscharte nutzen zu können, musste sie entsprechend auf das Vorfeld ausgerichtet sein und die Nische genügend Aktionsraum für Verteidiger bieten. Je nach Waffe (Bogen, Armbrust, ab 15. Jh. zunehmend > Hakenbüchse) benötigte der Schütze einen bestimmten Bewegungsraum zum Einsatz der Waffe sowie gute Sicht auf das Vorfeld des zu verteidigenden Gebäudes. Dicke Mauern wurden als „Beweis" für die Wehrhaftigkeit von Kirchtürmen benannt, doch mussten die Türme aus statischen Gründen dicke Mauern haben, um Last und Schwingung von Glocken aufzufangen (Zeune 1996, 51). Und schließlich stelle man sich vor, alle Bewohner/-innen eines Dorfes hätten sich gemeinsam in einen Kirchturm geflüchtet, mit Lebensmitteln, Wasser und zur Verteidigung benötigten Waffen – dazu gehörten im MA Wurfsteine in größeren Mengen: Dies allein führt die These von der allgemeinen Nutzung von Kirchtürmen als Wehrbauten ad absurdum. Zwar gab es im MA tatsächlich einzelne als Wehrtürme ausgebaute Kirchtürme mit Schießkammern/-scharten, Wehr-

Wehrkirche Weiterdingen (Hilzingen-Weiterdingen, KN, BW, D) im Hegau. Kirchturm mit verschiedenen Feuerwaffenscharten (Foto: M. Losse).

geschossen und Zinnen, doch die meisten als W.n bezeichneten Anlagen waren keine. Wehrhafte Kirchtürme mit Schießscharten und abschließendem Wehrgeschoß mit Zinnen oder Schießfenstern gab es u.a. in Mittelhessen (Ebsdorf; Heskem), Thüringen und im Hegau (Weiterdingen mit verschiedensten Schartenformen; Thayngen/CH). Die Türme mehrerer innerstädtischer Kirchen im Rheinland (Mittelrhein, Eifel) wurden im Spät-MA aufgestockt und erhielten Obergeschosse mit Zinnen, so St. Martin in Oberwesel (1390f im Kontext der Befestigung der Vorstadt Niederburg), Stiftskirche in St. Goar (Zinnen, Scharten), St. Peter in Bacharach (Zinnen, Eckwarten) und die Stiftskirche in Münstermaifeld, wo das romanische Westwerk im 14. Jh. solcherart verändert wurde. – Mancherorts wurden Kirchen im Kontext einer Fehde oder eines Krieges vorübergehend befestigt; so war die Pfarrkirche in Kempenich/Eifel (wohl nebst Kirchhof?) im Rahmen einer Fehde im 14. Jh. befestigt und umkämpft, obwohl es beim Ort 2 Burgen gab. In Riedheim/Hegau wurde die St.-Laurentius-Kirche anscheinend im Schweizerkrieg 1499 militärisch genutzt: Im 1448 dat. Chorturm wurde im 2. OG ein Lichtschlitz in der O-Wand unten ausgestemmt, um ihn als Feuerwaffenscharte gegen die benachbarte Burg nutzbar zu machen.

Fazit: Da Dörfer meist kein Befestigungsrecht besaßen und die (teils hochgelegene) Kirche oft das einzige steinerne Gebäude im Ort war, lag es nahe, diese und/oder den sie umgebenden Kirchhof in Zeiten der Gafahr im Spät-MA durch Mauern, > Türme, > Tore und > Wehrgänge zu sichern, d.h., solche Kirchenburgen waren Rückzugsorte der Bevölkerung in Kriegszeiten, doch spielten sie wohl, dies ist bislang noch nicht erforscht, öfter auch eine Rolle in Konzepten spätma. Territorialverteidigung. Eine bedeutende K. ist die mit der Ortsbefestigung verbundene *Burgkirche* in Ober-Ingelheim/RP (Turm mit Zinnenkranz; in der Langhaus-W-Fassade runde Feuerwaffenscharten) inmitten des hochgelegenen befestigten Kirchhofes (15. Jh.), doch fehlt ihr die Burgfunktion Wohnen.

Kissenquader > Buckelquader
Klappbrücke > Zugbrücke
Kommende (> Burgentypologie: architektonischer Typus): Die K. (von lat. *commendare*: anvertrauen) war eine Niederlassung eines Ritter-Ordens (v.a. Deutscher Orden; Johanniter-Orden, seit 1530 als Malteser-Orden bekannt) unter Leitung eines Komturs (daher auch Komturei genannt: Adenau/Eifel). Mehrere Komtureien bildeten eine Ordens-Provinz. K.n unterschieden sich baulich oft nicht von Burgen bzw. später Schlössern, doch gehörte meist eine Kirche zum Baukomplex (Johanniter-K.n Adenau, Roth an der Our). Manche K.n gingen aus dem jeweiligen Orden geschenkten Adelssitzen hervor.
Komturei > Kommende
Konsole: Kragstein zur Auflage eines (Decken-)Balkens oder Gewölbes.

Godesburg (Bonn-Bad Godesberg, NRW, D). Hauptturm mit Konsolen, die einst einen Wehrgang trugen (Foto: M. Losse).

Kontereskarpe > Eskarpe
Kragstein > Konsole
Kreuzstockfenster: Mit sich kreuzenden steinernen Stöcken (> Stockfenster) kreuzförmig unterteiltes Fenster. Häufig in Spätgotik und (Früh-)Renaissance, 15.-17. Jh.
Kurtine: Das zwischen zwei Türmen, > Rondellen oder > Bastionen verlaufende Teilstück

Kurfürstliche Burg Andernach (MYK, RP, D) am Rhein. Teilansicht der Stadtseite; im Wohnturm Stock-, im Wohnbau daneben Kreuzstockfenster, teils mit Schlüssel(loch)scharten darunter (Foto: M. Losse).

einer > Wehrmauer bzw. eines > Walles einer Burg, Festung oder Stadtbefestigung. Da lange, gerade Mauerstrecken ohne flankierende Werke vergleichsweise schlecht zu verteidigen und zudem gegen Beschuss schwer zu sichern waren, versuchten Befestigungstheoretiker und -Ing. in der FN oft, Kurtinen zu verkürzen. Erst Montalembert (1714-1800) experimentierte wieder mit längeren Geraden, die stark mit Geschützen besetzt waren, doch waren dies meist Bastionsfacen (> Bastion).

L

Landesburg (> Burgentypologie: funktionaler Typus): Als L. oder Territorialburg werden Burgen der Landesherren (u.a. Erzbischöfe, Bischöfe, Herzöge, Fürsten, teils auch Landgrafen) bezeichnet, die dem Landesausbau bzw. der Territorialbildung/-sicherung dienten. Funktional konnten sie verschieden genutzt werden (Nebenresidenz, > Amtsburg, sog. > Zollburg etc.).

Landwehr: Eine ma. oder frühneuzeitliche, meist aus > Graben, > Wall, > Gebück und mancherorts zusätzlich Türmen und gemauerten Torbauten bestehende Grenzbefestigung oder Außenbefestigung einer Stadt im Abstand von einigen km, die oft nur begrenzt militärischen Wert hatte; sie bot Schutz gegen kleinere Truppen und markierte Rechts- und Anspruchsgrenzen. Mancherorts waren > Warten in spätma. L.en integriert (Speyer). (L.en mit Warttürmen gab es bereits in der Antike, etwa den röm. Limes.) Die L. hatte i.d.R. nur einige Öffnungen als Auslässe für Straßen; sie waren mit Toren, seltener Türmen, mit Schranken und einem Wärterhaus versehen. Da L.en kaum zu aktiver Verteidigung tauglich waren, bestand ihr Zweck hauptsächlich darin, eine besondere Form ma. Kriegsführung zu erschweren: Das Eindringen kleinerer Trupps, die plündern und Vieh rauben wollten. Diese konnten somit nur an bestimmten Stellen eindringen und sich nicht ohne Weiteres mit ihrer Beute zurückziehen, da sie die Durchlässe in der L. passieren mussten und zwischenzeitlich die städtische Miliz alarmiert sein konnte.

Lehen > Lehensburg

Lehensburg: Das ma. Lehnswesen bestimmte als Rechtsbindung adeliger Vasallen an ihre (hochadeligen) Herren die adelige Gesellschaftsform. Diese basierte darauf, dass Grundbesitz, Burgen, Rechte und Einkünfte im Rahmen von Lehnsverträgen einem Vasallen auf Zeit (oder auf Dauer) überlassen wurden, wenn sich dieser Vasall zu Gehorsam/Gefolgschaft inkl. Dienst (Waffendienst, Wachtdienst in einer Burg [> Burgmannenburg], teils auch Verwaltungsdienst) gegenüber seinem Lehnsherrn verpflichtete. Jener bot ihm dafür Schutz und Unterhalt. Unterhalt bedeutete, dass der Lehnsherr seinem adeligen Vasallen Grundbesitz (z.B. Burg mit zugehöriger Herrschaft) nebst zugehörigen Rechten und Einkünften als Lehen überließ. Dabei behielt sich der Lehnsherr das > Öffnungsrecht an der jeweiligen Burg vor. Im Spät-MA trugen (Nieder-)Adelige oft freiwillig, häufig aber auch auf Druck eines expandierenden Territorialherrn (z.B. Erzbischof von Trier) ihren allodialen (freien) Besitz, d.h. Herrschaften mit Burgen, Gütern und Höfen, jenem zu Lehen auf und ließen sich in dessen Lehensverband eingliedern.

Lichtschlitz: Schlitzartige Öffnung zur Belichtung und Belüftung (Luftschlitz) eines Raumes mit dicken Mauern, insbesondere in Türmen; von Laien oft als > Schießscharten fehlinterpretiert.

M

Mannloch, -pforte: Kleiner Durchlass im Türflügel eines großen Tores, der dazu diente, einzelne Personen einzulassen, ohne die Torfflügel öffnen zu müssen. Dies erhöhte die Sicherheit des Tores und ermöglichte die bessere Kontrolle Eintretender. (S.a. > Schlupfpforte).

Mantelmauer: In der Definition der neueren Burgenforschung eine besonders hoch aufgeführte > Ringmauer (Eisenberg/Allgäu), welche die gesamte Hauptburg umgibt; zuvor und teils heute noch auf eine in Mittel-EU seit dem 13. Jh. nachweisbare Form der > Schildmauer bezogen, die einen Teil der Hauptburg überragt und (in gerundeter oder polygonaler Mauerführung) schützend umgibt (Gräfenstein/Pfalz, 13. Jh.; Schönburg b. Oberwesel/Rhein, *Hoher Mantel*, 14. Jh.; Ortenburg/Elsass). Manche M.n sind Produkte mehrerer Bauphasen (Mandráki/Insel Nísyros, GR, 2-phasig, 14./15. Jh.).

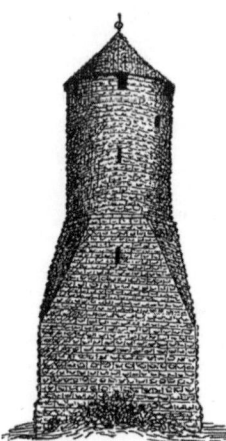

Oedenturm bei Geißlingen an der Steige (BW, D) auf der Schwäbischen Alb mit meheren Licht-/Luftschlitzen (aus: Piper ³1912).

Schönburg über Oberwesel am Mittelrhein (RP). Vorne die *Hoher Mantel* genannte Schildmauer, welche die Burg gegen das überhöhende Gelände im Vorfeld schützte (aus: Wikimedia commons).

Luftschlitz > Lichtschlitz

Stadtbefestigung Rhódos (Insel Rhódos, GR), Thalassini-Tor mit Maschikuli, Innenseite (Foto: M. Losse).

Landgrafenschloss Marburg (MR, HE, D). Stadtseitige Fassade mit Maßwerkfenster rechts unterhalb des Erkers (Foto: M. Losse).

Maschikuli (*Machikouli*): Dem Französ. entlehnter Begriff für Wurfschachtreihen, teils synonym zu > Wehrerker/> Pechnase verwendet. M. dienten zur Vertikalverteidigung, d.h. zur Bekämpfung von Angreifern von oben (Wurfsteine, Direktbeschuss; vgl. das Prinzip der > Hurden). Meist gab es M.s über Toren (Rhódos/GR, Stadtbefestigung, u.a. Thalassini-Tor, 15. Jh.) oder besonders gefährdeten Stellen. Im sö GR gab es im Spät-MA Übergangsformen zwischen M.s und > Wurferkern (Johanniter-Ordensburg in Mandráki/Insel Nísyros, GR, wohl 15. Jh.). In D waren M.s verhältnismäßig selten (Alte Burg Boppard/Rhein: Wohnturm). In (früh-)neuzeitlichen > Festungen fanden M. noch vereinzelt Anwendung (Würzburg: Marienburg, M.-Turm, Entwurf: Balthasar Neumann), denn nach Verbreitung der Feuerwaffen wurde senkrechtes Mauerwerk wegen seiner Gefährdung gegen Beschuss möglichst vermieden.

Maßwerk: Geometrische Gestaltungsform der Gotik (13.-15. Jh.) zur Unterteilung von Fenstern, später auch an anderen Architekturgliedern (u.a. Brüstungen, Giebel, Turmhelme).

Mine > Belagerungsstollen

Ministeriale waren wichtige Träger ritterlich-höfischer Kultur, meist dem Stand der Unfreien entstammend, die im Verwaltungs-, Kriegs- oder Hofdienst bei höherrangigen Herren standen und die, teils erst in folgenden Generationen, in den Adel aufstiegen. Nachdem in Urkunden urspr. zwischen Edelfreien (*nobiles*) und Ministerialen (*ministeriales*) unterschieden wurde, findet sich ab dem 13. Jh. zunehmend der Begriff *miles* (Ritter, Krieger) für beide. Die Grenzen verschwammen auch dadurch, dass häufiger Edelfreie in die Ministerialität eines Grafen oder Reichsfürsten eintraten, da ihnen der Dienst für einen Dynasten oder (Erz-)Bischof größere soziale Sicherheit brachte.

Ministerialenburg (Burgentypologie: funktionaler Typus): Eine Burg, die als Wohn-/Verwaltungssitz eines Ministerialen diente. Aufstrebende, teils in den Adelsstand aufgerückte Ministeriale ließen sich teils Burgen errichten, die jenen des Hochadels an Umfang, Aufwand und künstlerischer Gestaltung gleichkamen (z.B. Münzenberg/HE).

Mörderloch > Gussloch

Motte: Ein besonderer architektonischer Typus der > Adelsburg in Form eines künstlich aufgeschütteten, meist rundlichen, später teils

Motte, Oostkapelle (Wikimedia commons)

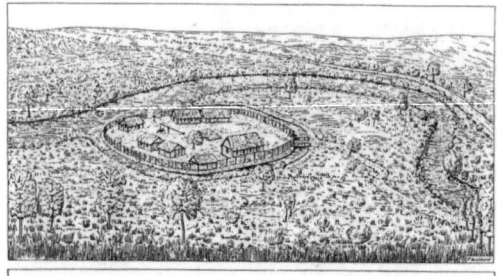

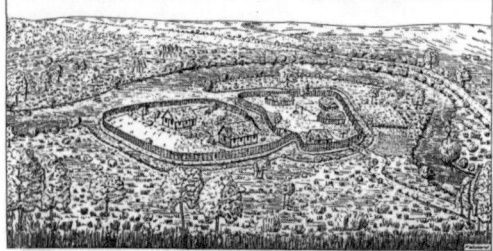

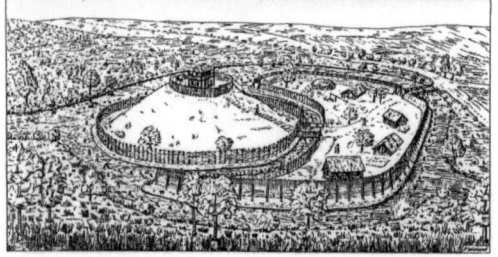

Die Motte Husterknupp (ehemals Frimmersdorf, NRW, D) wurde vor der Zerstörung durch Braunkohletagebau 1949-51 untersucht; 4 Bauperioden wurden nachgewiesen. I.) 10. Jh.: anstelle der späteren Burg eine mit einem Graben gesicherte Flachsiedlung; II.): bis 2. H. 10. Jh. wurde das Siedlungsareal erweitert und durch einen Graben zweigeteilt; in der Hauptburg entstand ein kleines, 1 m hohes Plateau, auf dem nur ein Gebäude (Kernmotte) stand; III.): vom 11. Jh. bis zur Zerstörung zwischen 1194/1244 in der Hauptburg ein großer, runder Erdhügel aufgeschüttet (Hochmotte), eine halbkreisförmige Vorburg vorgelagert; IV.): in der jüngsten Bauphase entstanden Steingebäude; die Außenfronten der Vorburg mit einer Holz-Erde-Konstruktion befestigt (aus: Rheinisches Jahrbuch 1/1956).

auch rechteckigen Hügels. Den Hügel umgab ein > Wassergraben, aus dessen Aushub er aufgeführt war. Auf dem Hügel stand das Wohngebäude der Herrschaft (Haus, > Wohnturm) aus Holz oder Fachwerk, bei jüngeren M.n aus Stein. Eine > Palisade konnte den Turm umgeben. M.n waren Bindeglieder zwischen den topographischen Typen > Niederungs- (> Wasserburg) und > Höhenburg. Wahrscheinlich verbreitete sich die M. (franz. *la motte*; mittelhochdt. *molt*: Hügel) ausgehend von Frankreich als Burgtyp ab dem 9. oder 10./11. Jh. in Mittel- und N-EU sowie in weiten Teilen W-, N- und O-EUs. Der ma. Wandteppich von Bayeux (sp. 11. Jh.), dessen Bilderzyklus die Eroberung Englands durch Normannen bis zur Schlacht bei Hastings 1066 schildert, zeigt M.n, manche umkämpft bzw. belagert. M.n im heutigen Deutschland lagen wohl urspr. öfter als Rückzugsorte in der Nähe von Herrenhöfen; später wurden sie dauerhafte Wohnsitz. Im Gegensatz zu einteiligen M.n umfassten 2-teilige neben dem Burghügel eine ihm vorgelegte, anfangs sichelförmige > Vorburg als Wirtschaftshof, die von einem > Graben umgeben und durch einen solchen von der M. getrennt war. Insbesondere in GB und

Irland war der *motte-and-bailey*-Typus weitverbreitet. – Höhen- oder Berg-M.n werden Adelsburgen des 10./12. Jh. genannt, die aus einer natürlichen Geländeformation herausgearbeitet und nicht oder nur wenig nachträglich aufgeschüttet („eingemottet") waren.

N

Niederungsburg (s.a. > Burgentypologie: topographischer Typus): Eine in ebenem Gelände erbaute Burg in Unterscheidung zur > Höhenburg. Im Tiefland (in D u.a. Münsterland, N-Deutschland) weit verbreitet, finden sich N.en auch auf Hochebenen in Gebirgen, in breiteren Tälern und an Fluss- und See-

Boosenburg in Rüdesheim (HE, D). Eine im Kern romanische Niederungsburg nahe des Rheinufers (Stahlstich aus: Tombleson 1832).

ufern (dort meist als Wasserburgen) in ganz Mittel-EU. Die Bauelemente und Einzelbauten waren jenen der Höhenburgen gleich.

Notwall: Eine besondere Form des Walles (> Wall), der hinter einer > Bresche – einer durch Beschuss oder Unterminieren zerstörten Stelle einer Befestigung, durch welche Angreifer eindringen wollten – angelegt wurde. Notwälle wurden meist auf die Schnelle aus gerade zur Verfügung stehendem Material, nicht selten aus dazu abgebrochenen Wohnhäusern in den durch die drohende Bresche gefährdeten Teilen einer Stadt, aufgeführt, so in der Stadt Rhódos/GR während der Belagerung durch eine türkische Armee 1480: Nachdem die Verteidiger nach einem Sturmangriff bemerkt hatten, dass Angreifer *büchsen zugen für die statmaur bey der juden wonung* [beim Judenviertel] *vnnd legten daselbs acht groß hauptbüchsen* mit Schirmen, ließ der Großmeister des Johanniter-Ordens – dem Orden gehörte die Stadt –, der den Plan durchschaute, *zerbrechen die juden heüser, die zu nahent waren der statmaur, vnd lies daselbs jnnwendig der maur auffwerffen ein graben vnd hinder dem machen ein zaun wol außgeschütt* (zit. nach: Losse 2011). Wahrscheinlich unter

Schloss Zur Leyen in Gondorf an der Mosel (Kobern-Gondorf, RP, D), eine Niederungsburg als Uferrandburg am Fluss. Zeichnung von Ernst Stahl, 1907 (Archiv DBV).

Verwendung des Baumaterials der abgebrochenen Häuser wurde eine 2. Verteidigungslinie hinter der Stadtmauer angelegt, um zu verhindern, dass türkische Soldaten durch entstehende Breschen ungehindert in die Stadt eindringen können.

O

Ochsenweg > Eselsweg

Öffnungsrecht: Im MA vertraglich verbrieftes Recht eines Landes- oder Lehnsherrn, das den Inhaber einer Burg, Stadt oder sonstigen Befestigung verpflichtete, jenem diese im gegebenen Fall (Krieg, Fehde) zu öffnen (sog. *Offenhaus*). Ihm war so ein Betretungs- oder (militärisches) Mitnutzungsrecht gewährt, zudem das Recht, sich auf Kosten des Inhabers dort aufzuhalten. So waren Offenhäuser wichtige Elemente spätma. Territorialpolitik. Bei der Vergabe von Lehen war ein Ö. für den Lehnsherrn meist vorgesehen. Aber auch Allodiale, d.h. Eigentümer der von ihnen bewohnten Burgen, öffneten vielfach gegen eine Zahlung ihre Burg einem höherrangigen Herrn, der ihnen darüber hinaus Schutz bot. Das Ö. ist seit 11. Jh. bezeugt und war im 14./15. Jh. stark ausgeprägt (Herzogtum Bayern; Eifel-Mosel-Gebiet). Auch freie Reichsstädte (Nürnberg) sicherten sich Öffnungsrechte, um Burgen im Umfeld der Stadt militärisch nutzen zu können. Manche Burgherren erlangten im Gegenzug das städtische Bürgerrecht. In manchen Fällen war das Ö. nach militärischer Niederlage dem Sieger einzuräumen.

Offenhaus > Öffnungsrecht

opus spicatum > Fischgrätmauerwerk

Ordensburg (> Burgentypologie: funktionaler Typus): Von einem der 3 großen geistlichen

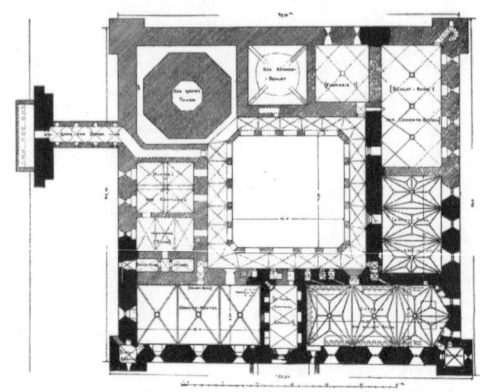

Deutschordensburg Rehden (PL). Grundriss von Conrad Steinbrecht (1849-1923), aus: Karl Heinz Clasen: Die mittelalterliche Kunst im Gebiet des Deutschordensstaates Preußen – Die Burgbauten. 1927.

Johanniter-Ordensburg Krak des Chevaliers in Syrien. In Details unrichtiger Rekonstruktionsversuch der Garnisonsburg der Johanniter mit arabischen Ergänzungen (aus: Rey 1871).

Ritterorden (Deutschorden, Johanniter/Malteser, Templer) erbaute oder genutzte Burg (vgl. > Kommende). Mit dem Begriff O. werden meist allerdings nur Burgen des Deutschen Ordens in Preußen bzw. Polen assoziiert, die mit ihren ausgeprägten Bauprogrammen nicht mit denen der anderen Orden vergleichbar sind. Manche > Ordenskommenden bzw.

-komtureien waren Burgen (Blumenfeld/Hegau). – Die Bezeichnung O. wurden von den Nationalsozialisten für ihre (SS-)Eliteschulen übernommen (NS-Ordensburgen: Crössinsee; Sonthofen/Allgäu; Vogelsang/Eifel).

P

Palas: In älterer und populärwissenschaftlicher Literatur oft Bezeichnung für das herrschaftliche Wohngebäude einer ma. Burg. In der neueren Burgenforschung wird das (von lat. *palatium*: Palast) abgeleitete Wort als Bezeichnung für ein meist repräsentatives Gebäude, das die Bautypen > Saalbau und Wohnbau miteinander kombiniert, verwendet.

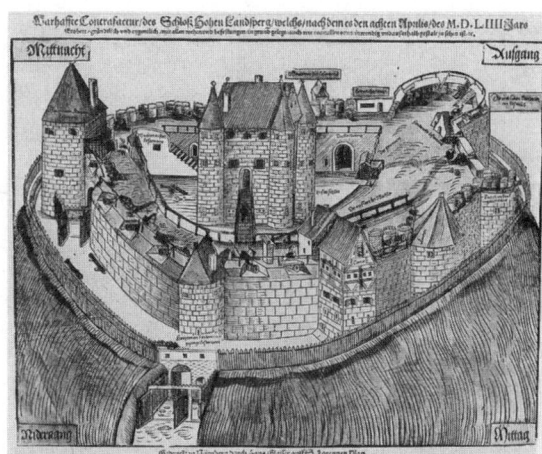

Schloss Hohenlandsberg (F) im Elsass vor seiner Zerstörung, umgeben mit einem Erdwall, den eine Palisade krönt (aus: Diepold Schilling, Holzschnitt von Hans Glaser, 2. H. 16. Jh., Germanisches Nationalmuseum Nürnberg).

Wartburg (Eisenach, TH, D). Im Vordergrund der romanische, im 19. Jh. veränderte Palas (aus: Blaue Bücher 1913).

Palisade (franz. *palissade*: Pfahlwerk): Zaunartige Befestigung aus meist runden, nebeneinander angeordneten Pfählen. Von der Vorgeschichte bis in die Neuzeit im Wehrbau bekannt, öfter auf einen Wall gesetzt, oft als zusätzliches Defensivelement vor einer Wehrmauer, v.a. im Bereich von Toren. Im MA hatten hölzerne P.n teils auch > Zinnen. Mancherorts erinnern Flurnamen wie *Pfahl-* *wiesle* (Eigeltingen/Hegau) an abgegangene Palisaden einer Befestigung, Landwehr, etc.

Pechnase > Wurferker

Pfalz (> Burgentypologie: funktionaler Typus): Die Pfalz (lat. *palatium*; ahdt. *phalanza*) als > Palast oder Hof war temporärer Wohnsitz eines Königs oder hochrangigen Adeligen (Herzog, Landgraf, Bischof, Abt) mit besonderen Räumen zur Ausübung von Regierungsgeschäften (Hoftagen), repräsentativen Räumen für den Herrscher, Unterkunftsmöglichkeiten für größeres Gefolge, Stallungen sowie einer Kapelle. Da im früh-/hochma. Personenverbandsstaat Herrschaft unmittelbar an die Person gebunden war, übten Könige, geistliche und weltliche Große diese durch Umherziehen aus (*Reiseherrschaft*); die Aufenthaltshäufigkeit ist u.a. an der Anzahl der in einer P. ausgestellten Urkunden ablesbar. Hatten die Herrscher in der Merowingerzeit vornehmlich herausgehobene Höfe für ihre Aufenthalte gewählt, schuf König/

82 Pfalz

Pfalz Goslar (NS, D). *Kaiserhaus* (Saalbau) und Doppelkapelle um 1050, Rekonstruktionsversuch (aus: Hölscher 1927).

Kaiser Karl d. Gr. um 800 ein System von P.en (u.a. Aachen, Frankfurt/M., Ingelheim, Paderborn, Worms). Ab dem Amtsantritt Friedrichs I. Barbarossa 1152 wurden ältere P.en erneuert und mehrere neugebaut: P.en wie Gelnhausen/HE glichen im Bauprogramm aufwendigen Burgen. Eine Abgrenzung zwischen P. und > Reichsburg ist nicht immer möglich („Reichsburgen mit Pfalzfunktion"). – Auch manche Sitze und Burgen von Bischöfen, Äbten, Herzögen oder Landgrafen wurden P. genannt (Burg Schopfen, Insel Reichenau/Bodensee in der Chronik des Klosters Reichenau 1498-1548: *werhaft Schloss […] ein pfallentz oder Sitz eines Abts*).

Pfefferbüchse > Eckwarte

Pfostenschlitzmauer: Frühma. Konstruktionsform der Umwallung einer kombinierten Holz-Erde-Stein-Befestigung, die durch Holzpfosten- und Steinkonstruktionen stabilisiert war. Pfostenschlitzmauern gab es bereits in der Eisenzeit: Je eine enggestellte Standpfostenreihe an der Außen- und Innenseite verbanden hölzerne Längs- und Querriegel; dieses Holzgerüst stützte die Mauer, deren Steinlagen in Lehm oder trocken verlegt waren. Hölzerne, mancherorts mit > Zinnen versehene > Brustwehren schützten die Verteidiger.

Pfostenschlitzmauer, Rekonstruktionszeichnung (Wikimedia commons, Trollhead).

Plateaurandburg (Burgen-Typologie: topographischer Typus): Eine Form der > Höhenburg, die am Rande eines Hochplateaus steht, den Schutz des Hanggeländes auf ein bis zwei

Poterne **83**

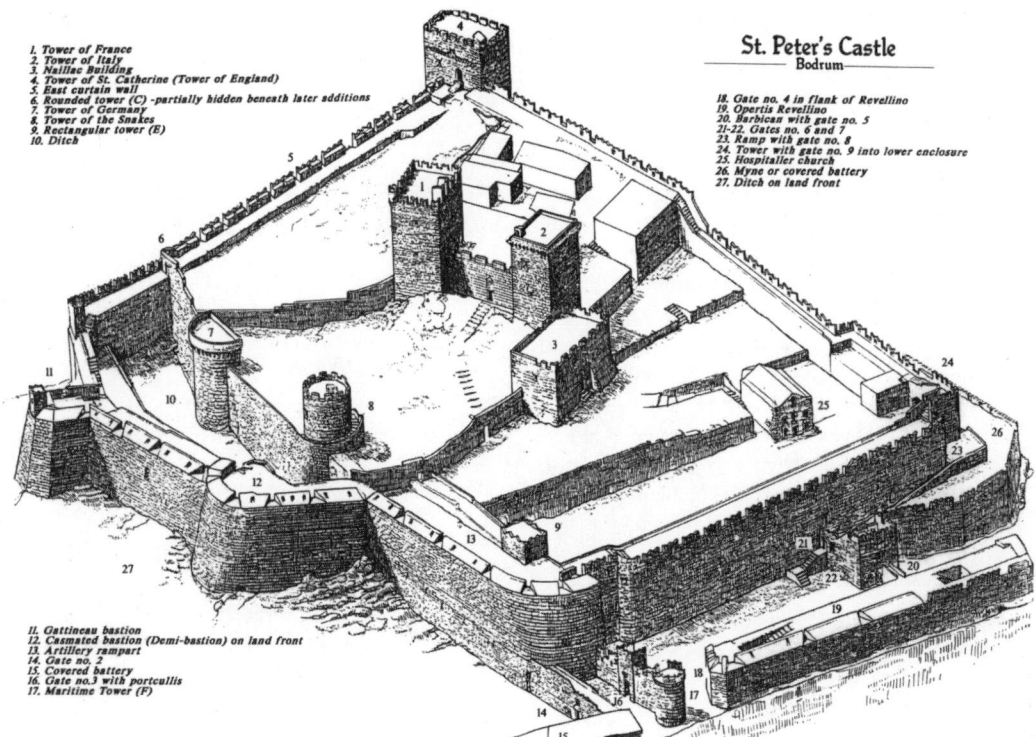

Johanniter-Ordensburg St. Peter in Bodrum (TR) mit Geschützplattform (Nr. 13). Zeichnung von Dr. Stephen C. Spiteri (aus: Spiteri 1994).

Seiten nutzt und gegen die gefährdete Plateauseite besonders geschützt sein musste, etwa durch eine Wall-Graben-Befestigung.
Plattform (auch Wehrplattform, -platte): Eine waagerechte, mit > Brustwehr gesicherte Fläche zur Verteidigung auf einem gegenüber dem Angreifer überhöhtem Niveau, etwa auf einem Turm bzw. im 19. Jh. die zur Verteidigung eingerichtete Krone der Erdbeschüttung von Mauerbauten, oder als niedere Anlage auf ungefährem Angreiferniveau, etwa am Fuß eines Turmes. Als Geschütz-P. (ital. *piatta forma*) ein wichtiges Element im Zeitalter der Feuerwaffen, bei mangelndem Platz u.a. hinter der Ringmauer aufgeschüttet (Überlingen: Stadtbefestigung) oder vor einem Ringmauerdurchbruch angelegt. Seit dem späteren 16. Jh. im Grundriss oftmals ähnlich einer > Bastion. Der französ. Begriff *plateforme* wurde spätestens im 19./fr. 20. Jh. synonym für Geschützbettung verwendet. Die meisten aus Erde aufgeschütteten P.en blieben nicht erhalten. Zusammenfassend wurde die Entwicklungsgeschichte der P. noch nicht untersucht.

Poterne (Ausfallpforte): Eine meist dem Blick von außen entzogene, verborgene Tür/Pforte, durch welche eine Befestigung während einer Belagerung ungesehen zu betreten/verlassen war und die Ausfällen der belagerten Besatzung gegen Angreifer dienen konnte (schon in der Antike bekannt: Pátmos/GR). Als Ausfall bezeichnet man im Festungskrieg, v.a. in der Zeit der Stadt- und Fortfestungen des 19. Jh., den für die Belagerer unvorhergesehenen Angriff einer belagerten Festungsbesatzung, der aber auch durch Tore erfolgen konnte. Bestimmend für den Ausfall war der Überraschungseffekt, d.h. die Vorbereitung des Ausfalles musste bestens vorbereitet und geheim gehalten werden. – Als P. wurde im neuzeitlichen Festungsbau jeder dem Verkehr innerhalb einer Befestigung dienende Hohlbau bezeichnet (u.a. Tor-P., Verbindungs-P. zu einer Kaponniere). Bei Burgen waren P.n selten.

Prellholz: Ein in die Seitenwände einer Schießkammer hinter einer > Schießscharte eingelassenes/eingemauertes Holz, vor das der Haken der > Hakenbüchse vor dem Abschuss gehakt wurde, um den Rückstoß der Feuerwaffe aufzunehmen. P.er waren im Durchschnitt 6 x 6 bis 12 x 12 cm stark; meist waren sie fest verankert, nur in Ausnahmen ließen sie sich in der Höhe verstellen. In manche sekündär zu Feuerwaffenscharten umgestalteten Schießscharten wurden P.er erst später eingefügt.

Q

Quader: Ein regelmäßig, in der Form eines mathematischen Quaders (sechsseitig) zugehauener Naturstein, oft in der Außenchale eines Burggebäudes verwendet. Q. werden unterschieden im Hinblick auf ihre Bearbeitung bzw. die Ansichtsfläche (> Bossen-, > Buckel-, Diamant-, Kissen- und Polsterquader etc.). Der Q. als repräsentatives Bauelement wurde u.a. als Eckbetonung (Eck-Q., die sich vom übrigen Bruchsteinmauerwerk des Gebäudes markant absetzen) oder an einer Fassade (Q.-Mauerwerk) eingesetzt. An manchen Burgen gab es außen auf den Putz aufgebrachte Q.- bzw. Fugenmalerei, um so das verputze Bruchsteinmauerwerk als Q.-Mauerwerk erscheinen zu lassen.

R

Randhausburg > Hausrandburg
Randschlag: Flächige Rahmung eines > Bossen- oder > Buckelquaders.

Kurpfälzische Kellnerei Kaub (EMS, RP) am Rhein. Feuerwaffenscharten mit Prellhölzern, Feldseite (Foto: M. Losse).

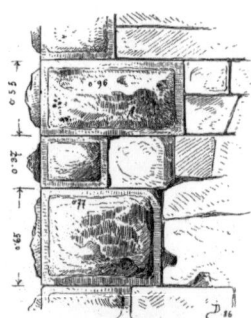

Burg Werenwag (BW, D) an der Donau. Eckbuckelquader mit Randschlag am Turm (aus: Kraus 1887).

„Raubritter": In fast allen Regionen D.s berichten Sagen und lokale Überlieferungen von „R.n"; insbesondere am Mittelrhein wird von „R.n" erzählt. In der Literatur des 19. Jh. taucht zudem der Begriff „Heckenreiter" für die sog. „R." auf; in vielen Druckgraphiken sind deren Schandtaten bildlich dargestellt. Der Begriff „R." entspringt letztlich den Klischeebildern vom MA, die sich teils im 19. Jh. entwickelten und mit ma. Realitäten kaum etwas zu tun haben. Selbst in der Fachliteratur findet der Begriff teils heute noch Verwendung. Es wurden darunter Ritter des Spät-MA verstanden, die, um sich zu bereichern, zur Gewalt griffen, Straßenraub begingen und z.B. Kaufleute überfielen, um ihnen ihre Waren abzunehmen und um diese festzusetzen und erst nach Lösegeldzahlung freizulassen. Zu den Gründen für solche Überfälle gehörte die Ablösung der Naturalwirtschaft – Adelige wurden durch von ihnen abhängige Bauern mit Naturalien versorgt – durch die Geldwirtschaft. Als „R." und „Fehderitter" wurden dabei meist Angehörige des Niederadels bezeichnet, die dem weitgehenden Strukturwandel im Spät-MA mit Raub- und Fehdezügen begegneten. Inzwischen wird die Bezeichnung „R." in den Fachwissenschaften überwiegend abgelehnt, da er in ma. Quellen nicht vorkommt (Andermann 1997). Der Begriff taucht erst gegen E. 18. Jh. auf, u.a. im Kontext von Ritterromanen (‚Der Raubritter mit dem Stahlarme, oder der Sternenkranz; eine Geistergeschichte', in: Wiener Zeitung, 29.9.1798), und wurde im 19. Jh. aus der Verkennung gesellschaftlicher und rechtlicher Strukturen des Spät-MA festgeschrieben.

„Raubritterburg" > „Raubritter"
Refugium > Fliehburg:
Reichsburg (> Burgentypologie: funktionaler Typus): Im Auftrag des Reiches erbaute oder

Burg Nürnberg (N, BY, D), eine Reichsburg mit Pfalzfunktion; links die Kaiserstallung, rechts die kaiserliche Burg. Umzeichnung nach einem Aquarell der Zeit um 1538 (aus: Ebhardt I 1939).

vom Reich erworbene Burgen, die von Burgmannen bzw. Reichsministerialen verwaltet und bewohnt wurden. Eine genaue Abgrenzung zur > Pfalz ist nicht in allen Fällen möglich, so dass sich bei nachweisbaren Königsaufenthalten in der Fachliteratur auch die Bezeichnung „R. mit Pfalzfunktion" findet.

Residenzburg (> Burgentypologie: funktionaler Typus): Hauptwohnsitz oder herrschaftlicher (und damit wirtschaftlicher und kultureller) Mittelpunkt einer Dynastenfa-

Neues Schloss Ingolstadt (BY, D) an der Donau, Residenz der Herzöge v. Bayern-Ingolstadt in Ecklage der Stadtbefestigung (aus: Kleemann 1883).

milie (Wartburg/TH für das Geschlecht der Ludowinger) oder eines geistlichen Großen (Trier für die Erzbischöfe von Trier).

Ringgraben > Graben

Ringmauer: Eine die gesamte (Haupt-)Burg umgebende, oft wehrhaft gestaltete Mauer. Nicht an jeder Burg vorhanden, da es auch Burgen gab, die sich aus einzelnen Gebäuden und diese verbindenden Mauerstrecken zusammensetzten.

Schulbild einer „Ritterburg im XIII. Jahrhundert" (aus: Ad. Lehmann's kulturhistorische Bilder, Nr. 2. Leipzig 1880). Das Klischeebild zeigt viele Elemente, die eher ins 14. und 15. Jh. gehören.

Burg Quedlinburg (SA, D) um 1021, nach Vollendung des 3. Kirchenbaus, mit ovaler Ringmauer. Rekonstruktion von Hermann Wäscher (aus: Wäscher 1959).

„Ritterburg": Dem verklärten MA-Bild der Romantik (18./19. Jh.) entstammt der Begriff „R."; die wissenschaftliche Burgenforschung nennt den mehr oder weniger wehrhaften, repräsentativen Adelswohnsitz des 11.-15. Jh. in (Mittel-)EU heute > Adelsburg. Entsprechend dem Klischee von der häufig umkämpften ma. „R.", die ihr Umfeld militärisch „beherrschte", kursierten in Büchern des 19./fr. 20. Jh. viele klischeehaft überzeichnete Abb. von „R.en", die ihre Vorbilder eher in Hochadelsburgen fanden.

„Rittersaal": Ein der Burgenromantik des 19. Jh. entstammender Begriff; bez. einen Saal, in dem sich angeblich Ritter versammelten, doch ist die Benennung aus dem MA selbst nicht bekannt.

Rondell: Um etwa 1500 wurden zunehmend statt > Geschütztürmen niedrigere gerundete oder zungenförmige, seltener polygonale Werke errichtet, die der Aufstellung von Geschützen dienten. Gegenüber Geschütztürmen zeigten die R.e größere Mauerstärken und ein gedrungeneres Erscheinungsbild. Um weniger Angriffsfläche zu bieten, ragten sie nicht oder wenig über die Mauerkrone hinaus. Sie konnten bis zu 30 m Ø und bis zu 9 m Mauerstärke aufweisen und waren vereinzelt mit bis zu 20 Geschützen bestückt. Die großen Durchmesser hatten ihren Grund in größeren Bestückungen und besserer Handhabbarkeit der Geschütze, die, fast durchweg Vorderlader, zum Laden aus der Schießkammer (> Schieß-

Stadtbefestigung Rhódos (Insel Rhódos, GR). Carretto-Rondell, 1513/21 zur Verstärkung um den Turm von Italien errichtet (Foto: M. Losse).

scharte) zurückgezogen werden mußten. Geschützstände fanden sich im Turminneren und bei zunehmender Mauerstärke auch als Geschützkammern innerhalb der Mauern. Problematisch war oft die Entlüftung, die vielfach über Rauchabzugsschächte erfolgte, deren Öffnungen teils an den Außenwänden über den Scharten zu erkennen sind. In feuchten Gebieten entstanden bald auch massive Erd-R.e mit einer von einer > Brustwehr geschützten > Plattform. Zu korrigieren ist die alte These von der linearen Entwicklung, weg von hochaufragenden Geschütztürmen

Burg/Festung Ockstadt (Friedberg-Ockstadt, FB, HE, D), spätmittelalterlich, mit Rondellen, die Maulscharten aufweisen. Zeichnung von Carl Bronner (aus: Adamy 1895).

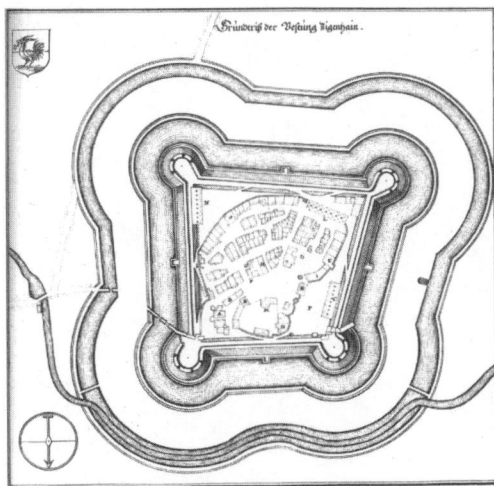

Festung Ziegenhain (HE, D), eine rondellierte spätmittelalterliche Stadtfestung, welche die mittelalterliche Burg nebst Stadt einschließt; die Rondelle aus Erde (Kupferstich aus: Merian, Topographia Hassiae, 1646).

über R.e bzw. > *Basteien* hin zu > Bastionen. R.e entstanden teils noch im 17. Jh. (Thallichtenberg/Pfalz). Die Bezeichnung R. findet sich im 16./17. Jh. auch für Rundtürme an Burgen, Stadtbefestigungen und Schlössern (Hillesheim/Eifel: *Rundele*).

Rüstholz > Rüstloch

Rüstloch: R.er sind im Mauerwerk ma. und frühneuzeitlicher Bauten (Burgen, Kirchen etc.) ausgesparte, runde oder viereckigen Löcher, in denen während des Bauprozesses die Gerüst-/Rüsthölzer eingelassen waren. Nach Bauvollendung wurden diese meist abgesägt. In den R.ern erhalten gebliebene Rüsthölzer konnten vielfach zur dendrochronologischen Datierung des jeweiligen Gebäudes genutzt werden.

Albenga (I), Piazza San Michele. Torre del Municipio, Torre del Comune und Turm der Kathedrale San Michele mit Rüst(holz)löchern (Foto Marburg).

Rundbogenfries: > Fries aus gereihten Rundbögen, häufig im Sakralbau der Romanik (11.-13. Jh.), im Burgenbau noch im 14. Jh. häufiger (v.a. im Mittelrheingebiet), dann aber vereinzelt auch als Spitz- oder Kleeblattbogenfries.

Kurpfälzische Kellnerei in Kaub (EMS, RP, D) am Mittelrhein. Rundbogenfries an der Feldseite (Foto: M. Losse).

Spitzbogenfries am Doppelturmtor der Kasselburg (Gerolstein-Pelm, DAU, RP, D) in der Eifel (aus: Wackenroder 1928).

S

Saalbau: Gebäude einer größeren Burg, das einen oder mehrere Säle enthält. S.en sind seit der Karolingerzeit um 800 bekannt (> Pfalzen: Aachen; Ingelheim). Besonders ver-

Saalbau **89**

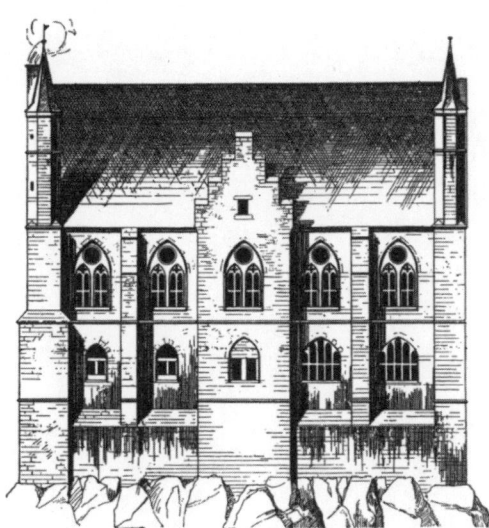

Landgrafenschloss Marburg (MR, HE, D). Saalbau
(aus: Piper ³1912).

breitet im 12./13. Jh. (Vianden/L), wurden S.en seit dem 14. Jh. kaum noch gebaut (Marburg; Nideggen).

Schalenturm: Wehrturm, dessen Rückseite offen oder nur mit einer Holz-/Fachwerkwand geschlossen war. Dadurch wurde verhindert, dass Angreifer einen eroberten > Turm (oft > Flankierungsturm) gegen die Verteidiger nutzen konnten; zudem sparte man so Baumaterial und damit Baukosten.

Schanze: Eine ganz oder überwiegend aus aufgeworfener Erde bestehende Verteidigungsanlage, meist mit > Brustwehr, umgeben von > Wall und > Graben. S.n gab es als selbständige Anlagen zur Verteidigung eines begrenzten Geländeabschnittes, im Kontext einer > Feldbefestigung oder in der FN auch als Teil einer > Festung. Nach ihrem Grundriss unterscheidet man (nach hinten) offene oder geschlossene S.n (u.a. *Redoute*). Grundrissformen von S.n variierten (Pentagonal-S.; Stern-S., bei der aus- und einspringende Winkel abwechseln). Nur selten wurde aus einer S. eine permanente Befestigung. Der Flurname *Schanz(e)* ist häufig, auch als Namensbestandteil (*Schwedenschanze*), doch ist

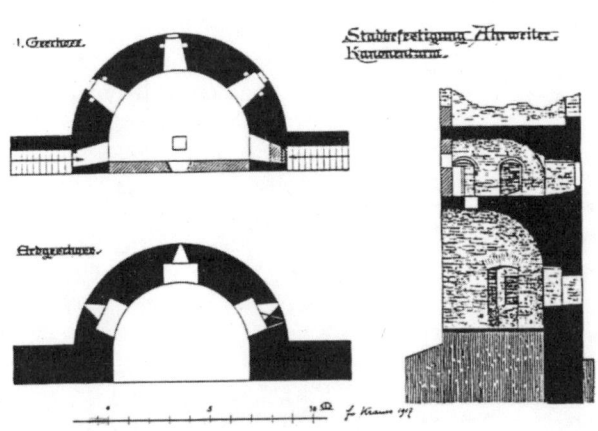 

Stadtbefestigung (Bad Neuenahr-)Ahrweiler (AW, RP, D) an der Ahr. Zwei Schalentürme: links der Kanonenturm, rechts der Adenbachtorturm (aus: Gerhardt et al. 1938).

Saalbau

Stadtbefestigung Rothenburg ob der Tauber (BY, D), Klingentorturm, ein nachträglich innen geschlossener Schalenturm (historische Ansichtskarte).

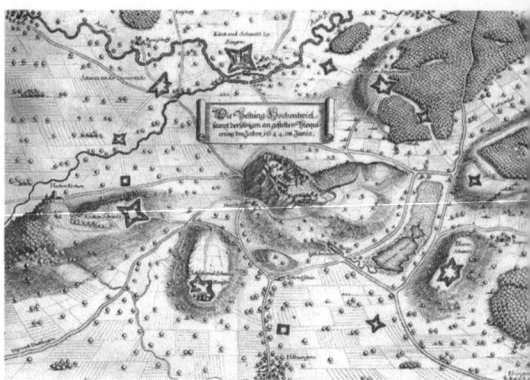

Belagerungsschanzenring um die Burg/Festung Hohentwiel bei Singen (Hohentwiel) (KN, BW, D) 1644, Kupferstich (aus: Merian, Theatrum Europaeum).

oft ohne archäologische Untersuchung unklar, ob es sich tatsächlich um frühneuzeitliche Befestigungen handelt. Zudem wurden viele 4-eckige Befestigungen des 17./18. Jh. für frühgeschichtlich gehalten, das wird besonders deutlich bei der beinahe schon generellen Einschätzung als „keltische Viereckschanzen" im Sinne von angeblichen „Kultanlagen" (s. Korrekturen von G. Weber-Jenisch: Belagerungswerke um Breisach. In: Fundberichte aus Baden-Württ., 20, 1995, S. 871-883 [Exkurs: „Viereckschanzen", S. 881-883]). Belagerungs-S.n entstanden bisweilen zur Unterstützung des Angriffes auf eine Befestigung. – In Oberbayern werden viele ma. > Burgställe im Volksmund *Schanze* oder *Römerschanze* genannt.

Schartennische > Schießscharte
Scharwachttürmchen > Eckwarte
Schießkammer > Schießscharte
Schießscharte: S.en sind keine ma. Erfindung; es gab sie bereits in der Antike, so an hellenistischen Wehrbauten (4. Jh. v. Chr.). In D sind sie, wohl von Kreuzfahrern und über F (dort ab ca. 1170/80) vermittelt, erst ab 1. H. 13. Jh. nachweisbar. Häufiger gab es sie ab A. 14. Jh., d.h., an hochma. Burgen in D waren S.n nicht vorhanden. Viele angebliche S.n (v.a. in > Bergfrieden) waren tatsächlich Licht-/Luftschlitze! Am Inneren vieler Schartennischen ist erkennbar, dass die Maße dieser Öffnungen meist so gering sind, dass sie weder für den Einsatz von Bogen noch Armbrust nutzbar waren. Um eine Maueröffnung effizient als S. nutzen zu können, musste sie entsprechend auf das Vorfeld ausgerichtet

Schießscharte

Zwei Schlüssel(loch)scharten als gerichtete Scharten, die aus bestimmte Punkte im Vorfeld der Burg gerichtet sind, hier am Schloss Zur Leyen in (Kobern-)Gondorf (MYK, RP, D) an der Mosel (Foto: M. Losse).

sein und die Nische genügend Aktionsraum für einen Verteidiger bieten. Je nach Waffe benötigte der Schütze einen bestimmten Bewegungsraum zu deren Einsatz sowie gute Sicht auf das Vorfeld des zu verteidigenden Gebäudes. Fazit: Öffnungen in Burgmauern können nicht per se als S.n interpretiert werden. Immer gilt es, die Größe und die mögliche Effizienz im Einzelfall zu untersuchen. Zudem waren viele als S.n gestaltete Öffnungen tatsächlich nur Scheinscharten, die das Gebäude wehrhafter erscheinen lassen soll-

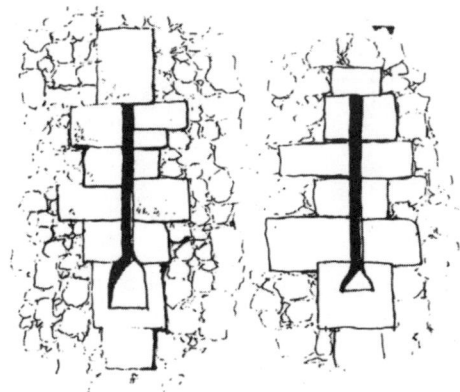

Schlitzscharten, nach ihrer äußeren Form als Steigbügelscharte (links) und Fischschwanzscharte (rechts) genannt (aus: Spiteri 1994).

Schlitzscharte; Armbrustschütze in einer Schießkammer, Schema (aus: Piper ³1912).

Schießscharte

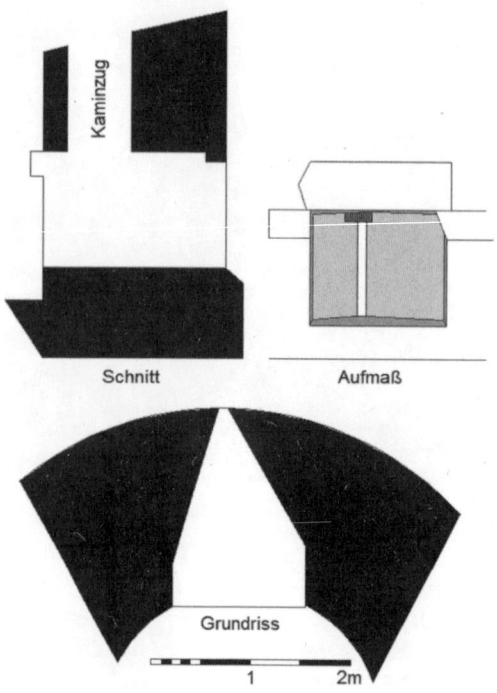

Schlitzscharte (Schnitt, Innenansicht und Grundriss) aus dem Doppelturmtor der Bertradaburg (um 1290/1300) in Mürlenbach (DAU, RP, D) in der Eifel. Aufmaß und Zeichnungen von Rüdiger Berges.

Schildmauer: Prägendes Element einiger spätma. Burgen; bot Burgen in Sporn- oder Hanglage (Ehrenfels HE) Schutz gegen Beschuss mit Wurf-/Schleudermaschinen von der Bergseite (> „Angriffsseite") her und war zudem ein eindrucksvolles repräsentatives Element. Separiert stehend oder in die > Ringmauer eingebunden, unterschied sie sich von jener durch Höhe und Mauerstärke.

Burg Berneck (BW, D) im Schwarzwald. Schildmauer (aus: Piper ³1912).

Burg Amlishagen (Gerabronn-Amlishagen, BW, D).Schildmauer (aus: Piper ³1912).

ten und, insbesondere dann an Schlössern des 16./18. Jh., primäre bis bloße Herrschaftssymbole (Nordkirchen/Münsterland). – Äußerst verschieden war die Gestaltung der S.n-Ausschussöffnungen, nach die Schartenformen in der heutigen Burgenforschung benannt werden (z.B. Schlitz-, Kreuzschlitz-, Fischschwanz-, Steigbügel-, Spaten-, Maul- oder Schlüssel[loch]-S.). Manche S.en wurden nachträglich der Nutzung durch neuentwickelte Waffen angepasst; so konnten etwa Schlitz- zu Schlüssel- oder Maul-S.n werden (Konstanz: Pulverturm; Schaffhausen/CH: Stadtbefestigung).

S.-Burgen kamen wohl seit dem fr. 13. Jh., v.a. aber im 14. Jh. u.a. in der Pfalz, im Mittelrheingebiet, im Elsass und vereinzelt in EU vor. S.n boten anfangs nur Deckung durch ihre Höhe und Mauermasse und keine Defensiveinrichtungen außer dem > Wehrgang (Gnandstein; Landeck/Pfalz), allenfalls hölzerne Streichwehren. Erst ab 14.

Schönburg bei Oberwesel (RP, D) am Mittelrhein. Schildmauer, 14. Jh., mit mehreren Verteidigungsebenen; sog. *Hoher Mantel* (vgl. > Mantelmauer), welche die Burg gegen das überhöhende Gelände im Vorfeld schützte (historische Ansichtskarte).

Jh. wurden sie zunehmend in die aktive Verteidigung einbezogen, indem sie integrierte Schießkammern erhielten (Schönburg/Oberwesel; Ortenberg/Elsass), wobei sich diese nach Verbreitung von Feuerwaffen zu Geschütz-S.n mit Geschützständen wandeln konnten (Madenburg/Pfalz), teils unter Einbeziehung natürlicher Felsriegel (Neuscharfeneck/Pfalz). Parallelen bestehen zu frühen, vor/um 1500 entstandenen, *piatta forma* genannten Geschützplattformen an Burgen und Festungen im ägäischen Johanniter-Ordensstaat. An manchen Burgen gab es Kombinationen aus S. und > Bergfried, wobei letzterer in diese einband (Hohenecken/RP; Freienfels/HE). Kleinere > Sporn- und > Hangburgen hatten statt einer S. oft nur eine zum überhöhten Gelände verstärkte Ringmauer oder Gebäudewand (Ramberg/Pfalz).

Schildmauerburg (Burgentypologie: architektonischer Typus): > Schildmauer.

Schleuderwaffen > Antwerk; > Belagerung

Schloss: Heute als nachma. Wohnsitz eines Landesherrn interpretiert, um 1900: „Als Schloß werden überhaupt im Volksmund nicht selten diejenigen alten Wohngebäude bezeichnet, in denen adlige Grundbesitzer oder Glieder der Familie ständig oder vorübergehend gewohnt haben" (Schuster 1908, 71). Im MA synonym für Burg (*slos*, *geslos*, etc.).

Schloßberg: Insbesondere in S-Deutschland synonym für > Burgstall, u.a. im Linzgau, am nördlichen Bodensee und in Oberbayern; mancherorts auch *Schloßbühl*.

Schlüsselscharte (auch Schlüssellochscharte): Eine nach ihrem äußeren Umriss sog. Form der > Schießscharte.

Burg Grünwald (Grünwald, M, BY, D) an der Isar. Spätgotischer Torbau mit Wehrerker, darin Schlüsselscharten, und Schlupfpforte

Moritzburg in Halle an der Saale (SA, D). Tor (um 1517) mit Schlupfpforte links daneben (histor. Ansichtskarte).

Schlupfpforte, -tür (s.a. > Mannloch): kleine Pforte in oder neben dem Haupttor einer größeren Burg oder einem Stadttor, die dazu diente, einzelnen Personen den Zutritt zu gestatten, ohne die Flügel des großen Tores öffnen zu müssen. Dies erhöhte die Sicherheit des Tores und ermöglichte die bessere Kontrolle Eintretender. Die S. konnte durch eine separate > Zugbrücke gesichert sein.

Senkscharte: Diagonal durch die Mauer verlaufende > Schießscharte zur Verteidigung des Vorfeldes der Mauer; ihr Schussfeld reicht jedoch nicht bis an den Mauerfuß.

Söller (abgeleitet von lat. *solarium*: „Sonnendach"), im Mittelhochdt. auch *sölre, soller, solre, sulre*: ein im urspr. Sprachgebrauch insbesondere in Ländern mit höheren Sommertemperaturen wohl spätestens seit der Antike vorkommendes, bestimmten Winden und abendlicher Kühle geöffnetes ober(st)es Wohngeschoss (LDK IV, 1977). Im MA *boden über einem gemache od. hause, vorplatz, flur im ersten stockwerke, laube, saal* (Lexers [36]1981, 202).

Sohlgraben > Graben

Spitzgraben > Graben

Spolie: Zweitverwendetes Bauteil aus einem älteren Gebäude, oft zur Aufwertung des eigenen Baues aus der Ruine eines hochrangigen Gebäudes übernommen, wie die aus Ravenna (I) zum Bau der Pfalzkapelle Karls d. Gr. (Kaiser 800-814) in Aachen verwendeten Säulen.

Spornburg (> Burgentypologie: topographischer Typus): Eine Form der > Höhenburg, deren Standort ein Bergsporn ist, der auf 2-3 Seiten durch Abhänge natürlichen Schutz bot. Die an den jeweiligen Höhenzug anschließende Zugangsseite (sog. Angriffsseite)

Grüningen (CH), Spornburg mit Halsgraben und Frontturm (Kupferstich, Merian, 1654)

war meist stärker befestigt als die übrigen Seiten, z.B. durch > Halsgraben und Wall (bzw. bei frühen Anlagen Pfostenschlitzmauer), Frontturm oder > Schildmauer (zu Frontturm- und Schildmauerburgen > Burgentypologie).

Staffelgiebel > Stufengiebel

Stammburg: Burg, von der aus sich ein Adelsgeschlecht etablierte.

Schloss Diepholz (DH, D) in Niedersachsen. Diepholt Gräfflich Stambhaus, gräfliche Stammburg (aus: Merian, Topographia Westphaliae, 1647).

Spornburg Girsberg bei Rappoltsweiler (F) im Elsass (aus: Blaue Bücher 1913).

Steinmetzzeichen: „Bildhafte, geometrische oder monogrammartige Zeichen, die Steinmetze als ihr persönliches Zeichen auf den

Steinmetzzeichen von verschiedenen Burgen der Pfalz (aus: Hartung 1967).

Altes Schloß in Meersburg (FN, BW, D) am Bodensee. Der Wohnturm (*Dagobertsturm*) trägt spätmittelalterliche Stufengiebel (aus: Kraus 1887).

von ihnen bearbeiteten Steinquadern hinterlassen haben" (Schock-Wener, Reclam), seit dem 12. Jh. an vielen Bauwerken belegt. Nicht, wie früher angenommen, zur Abrechnung der jeweiligen Arbeiten angebracht; letztlich bleibt der Zweck vorerst ungeklärt.

Steinzange: Seit etwa 1220 in D verbreitetes (schon in der Antike bekanntes) Gerät zum Anheben und Versetzen von Steinen, bestehend aus zwei sich kreuzenden, mit einem Gelenkbolzen verbundenen, s-förmigen Greifarmen, „die an ihrem oberen Ende mittels eines Kettenglieds an das Tau des Krans gehängt werden konnten und deren untere Enden in 2 vorbereitete Löcher an der Außenseite des Quaders gesteckt wurden. Beim Aufziehen drückt die Last des Quaders die Zange zu, die erst wieder abgenommen werden kann, wenn das Kranseil entlastet ist. Die Zangenlöcher bleiben an der äußeren Quaderseite sichtbar" (Schock-Werner, Reclam).

Strebepfeiler: Einer Gebäudewand außen vorgelegter Pfeiler zum Abfangen des Gewölbeschubes; verbreitet in der gotischen Architektur. Teils auch nachträglich einer Wand zur Stützung nachträglich angesetzter Pfeiler.

Streichwehr > Erker; > Flankierungsturm; > Kampfhaus; > Kaponniere

Stufengiebel (Staffel-, Treppengiebel, Katzentreppe): gestufter Giebel, der über die Dachhaut hinausreicht und diese verdeckt. Früheste bekannte S. in D entstanden A. 13. Jh. im Rheinland (spätromanisch: Köln, Overstolzenhaus, um 1230; Trier, Dreikönigenhaus). Während des Spät-MA (Backsteingotik) waren S. u.a. in SW- und N-Deutschland, im Deutschordensgebiet sowie in Dänemark im niederländisch-flämischen Gebiet verbreitet. Es gab sie an Burgen, Stadttoren (Anklam, Steintor, Giebel ab/nach 1450), Bürgerhäusern und Kirchen, hier v.a. an Kirchtürmen. Eine Sonderform des S.s ist der > Zinnengiebel.

Sturz: Gerader, oberer Abschluss einer Tür- oder Fensteröffnung.

T

Tal, Talsiedlung > Burg-Tal-Siedlung
Talus (Dossierung; geböschte/r Mauer/fuß): Anböschung des Mauersockels (Nürburg/Eifel), wohl vom Burgenbau des (Vorderen) Orients übernommen (Krak des Chevaliers/SYR); urspr. zur Verbesserung der Standfestigkeit, später wohl auch als bloßes Motiv (Kástro Mandráki/Insel Nísyros, GR).

Tankzisterne > Zisterne.
Territorialburg > Landesburg
Tourelle (frz.: Türmchen): Ausspringende kleine turmartige Baukörper, oft massiv (Sporkenburg/RP), teils aber auch als > Treppenturm ausgebildet. Seit dem 12. Jh. (Gaillard/F, um 1196/97) in EU bekannt, vielleicht auf Vorbilder in den Kreuzfahrerstaaten zurückgehend, in EU v.a. im Spät-MA verbreitet, oft in F (an Donjons), auch in Spanien; seit A. 14. Jh. über F vermittelt dann in D. (Beilstein/HE); im mittelrheinischen Burgenbau teils auch als > Erker ausgebildet (Rei-

Angers (F), Burg. Teilansicht der Feldseite mit angeböschten Mauern, Talus genannt (histor. Ansichtskarte).

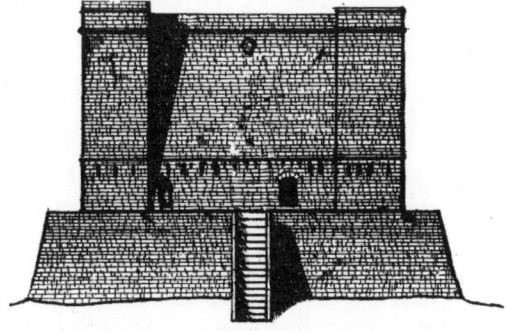

It-Torri ta-Santa Marija, sog. Comino Tower (Insel Kemmuna, M), ein burgrezipierendes Küstenfort, 1618. Die Außenmauer ist als Talus ausgebildet. Zeichnung von Dr. Stephen C. Spiteri (aus: Spiteri 1994).

Loches (F): Donjon der Burg mit gerundeten Tourellen (aus: Meyers Konversations-Lexikon 1885).

Schloss Arenfels bei Bad Hönningen (RP, D) am Mittelrhein, Hauptbau mit Tourellen (aus: Tombleson 1832).

chenberg/Taunus: Bergfriede mit je 3 T.en besetzt); neben runden polygonale, seltener rechteckige T.en.

Treppenturm: An eine Außenecke/-seite, meist die Hofseite, eines (Wohn-)Gebäudes angefügter runder, polygonaler, seltener rechteckiger Turm, der eine > Wendeltreppe aufnimmt, welche die Geschosse des Gebäudes miteinander verbindet. In D wohl ab 13. Jh. häufiger, wurden die urspr. eher schlichten Bauten in Spätgotik (Albrechtsburg/Mei-

Albrechtsburg in Meißen (SA, D) an der Elbe. Spätgotischer Treppenturm *Großer Wendelstein* (histor. Ansichtskarte).

Schloss Hegne (Allensbach-Hegne, KN, BW, D) am Bodensee. Herrenhaus mit hohem hofseitigem Treppenturm und einem Treppenturm an der zweitürmigen Gartenfassade (aus: Kraus 1997).

ßen) und Renaissance (Schloss Torgau) teils aufwendig gestaltet. Aus manchen T.en wurden durch Erweiterungsbauten bzw. Umbauung Innentreppen (Blumenfeld/Hegau, 16. Jh.). Meist werden auch gerundete Treppenhäuser mit Wendeltreppen, die den Baukörper des erschlossenen Gebäudes nicht überragen, fälschlich T. genannt (Schlösser Langenstein und Randegg im Hegau; *Bürgle* Windeck/Insel Reichenau).

Turmburg **99**

Burg Boimont (Eppan-Miisian, Südtirol, I), um 1220/30. Triforium (aus: Piper ³1912).

Triforium: Dreiteilige Form des > Gekuppelten Fensters (vgl. auch > Biforium).
Trutzburg > Gegenburg

Die Hermannsfeste (Narva, Estland) und die Burg Iwangorod (RUS) (aus: Winnig 1940).

Türnitz > Dürnitz
Turm: Ein Bauwerk, dessen Höhe deutlich höher ist als seine Breite; eines der frühesten, schon vor der Antike gebräuchlichen Befestigungselemente und Imponierbauwerk, im MA als > Bergfried, > Wohn-, Tor-, Flankierungs-T., etc. wichtiges Element von Burgen und Stadtbefestigungen. (S.a. > Rondell; > Schalen-T.; > Treppen-T.; > Turmburg.)

Turmburg (> Burgentypologie: architektonischer Typus): Die T. war einer der prägendsten, langlebigsten Burgtypen. Ihre Entwicklung im MA begann offenbar parallel zu jener der > Motte; viele Motten waren T.en. Aber schon lange zuvor gab es T.en, so in der Antike (Hellenismus, 4. Jh. v. Chr., in GR und im ö Mittelmeergebiet). Für die Salierzeit (1024-1125) ist eine Entwicklung im Burgenbau von oft großflächigen frühma. Burgen zu kleineren, durch einen > Wohnturm geprägten Burgen festzustellen. Markante Bspe.: *Schlössel*/Klingenmünster (um 1030/50); Arnsburg/Wetterau (Spornlage; quadratischer Turm 11,5 x 11,5 m, Mauerstärke ca. 3 m, im Abstand von 1,6-5 m eine Ringmauer); Dreieichenhain/HE. Aus von einer polygonalen Ringmauer umgebenen T.en (Weißenstein/HE) entwickelte sich im

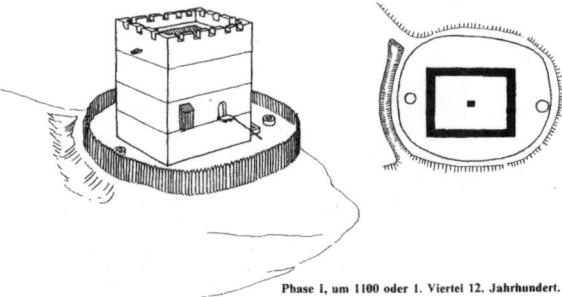

Phase I, um 1100 oder 1. Viertel 12. Jahrhundert.

Turmburg in (Zweibrücken-)Niederauerbach (RP, D) in der Pfalz. Den rechteckigen Wohnturm mit Hocheingang und Zinnenkranz (rekonstruierter Zustand um 1100/A. 12. Jh.) umgibt eine Palisade (aus: Böhme I 1992, nach: W. Herrmann, in: Pfälzer Heimat 32, 1981).

12. Jh. die „klassische" Adelsburg (Biller 1993, 123). In F fand die Ausprägung des Donjons offenbar im späten 11. Jh. statt (Hinz 1981). Rechteckige Wohntürme gab es im 12. Jh. in SW-Deutschland, CH (u.a. Zähringerburgen) und im Elsass; die T. war so dominant, dass Böhme (1992) fast 80% der von ihm untersuchten Burgen in HE, RP und SL als T.en benennt. Reflexe auf solche T.en stellen wohl Burgen des 12. Jh. mit isoliertem > Bergfried auf abgesteiltem Felssockel dar (Sterrenberg/Rhein; Liebenstein/Rhein; Moschellandsberg/Pfalz). T.en wurden in D im Spät-MA vom Niederadel und von Burgmannen erbaut (Arloff/Eifel, um 1270; Adenau, 15. Jh.), aber ebenso vom Hochadel und von Landesherren (Karlstein/Böhmen, königliche Burg, 14. Jh.; Wenerseck/Eifel: Erzbischof von Trier, 1402ff, Wohnturm in kleiner rechteckiger > Kastellburg). Turmhäuser des 16. Jh. tradierten die Idee von der Turmburg (Dreiser Burg, um 1579). – Je nach Turmstellung im Zentrum der Burg oder im Verlauf der > Ringmauer ergab sich seine defensive Ausprägung. – Im Mittelmeergebiet wurden T.en/-häuser v.a. in durch Piraten bedrohten Gebieten im Spät-MA (Moní Ármathou/Insel Rhódos, GR) und in der FN erbaut (It Torri ta'Santa Cecilja/Insel Gozo, M, A. 17. Jh.; Insel Náxos/GR, venezianische Turmhäuser).

Tympanon: Bogenfeld über dem Türsturz (> Sturz), im Sakralbau oft aufwendig gestaltet, im Burgenbau an Kapellen, Palas- und Saalbauten vorkommend.

U

Ungarnwälle: Bezeichnung für die während der v.a. gegen S-Deutschland gerichteten Ungarneinfälle 908/953 meist in sehr kurzer Zeit errichteten Befestigungen, deren Charakteristikum geschüttete Erdwälle (ohne hölzerne oder steinerne Aussteifungen im Wallinneren) sind. Die Wälle waren sehr hoch und steil; ihnen war meist ein tiefer

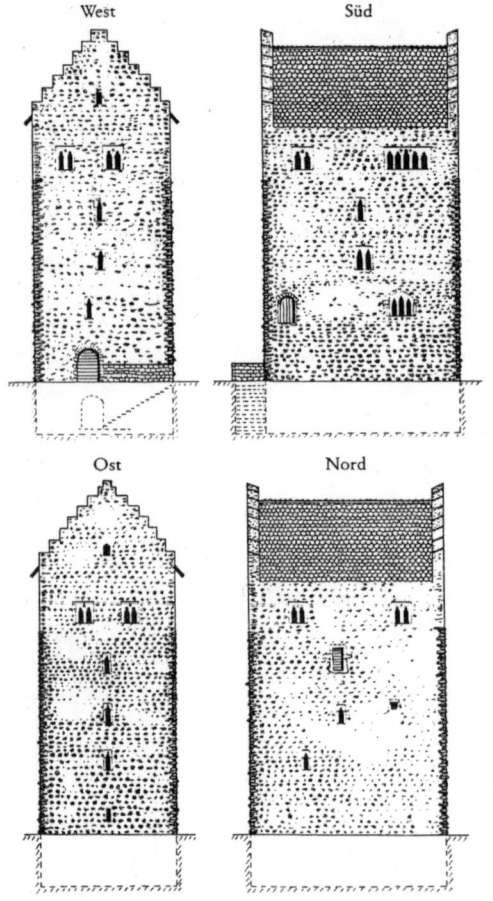

Riedheim (KN, BW, D) im Hegau, Turmburg (sog. *Burgstall*). Turmhaus mit Eckbuckelquadern, wohl 13. Jh.; das 4. OG mit den Stufengiebeln später (aus: F. Hitzel: Der „Burgstall" in Riedheim. In: Hegau, 2, 1957).

Graben vorgelegt. Manche Wälle trugen eine Steinmauer statt üblicher hölzerner Palisaden (in BY u.a. *Birg*/Hohenschäftlarn; Kallmünz; Weltenburg; Michelsberg bei Kapfenburg; *Gelbe Bürg* bei Dittenheim). Öfter wurden U. anstelle vor- oder frühgeschichtlicher Befestigungen angelegt und dabei deren meist verfallene Holz-Erde-Mauern als Wallkern genutzt. U. dienten offenbar ausschließlich oder überwiegend als Refugien (> Fliehburg) zum Schutz vor ungarischen Reiterkriegern; ein solches Refugium ist für 926 für das Kloster St. Gallen bezeugt (Waldburg bei Häggenschwil/CH). Gegen Reiterangriffe wurden manche U. im Vorfeld durch besondere Reiterhindernissen gesichert: Wall-Graben-Systeme, versetzte Gruben (*Birg*/Hohenschäftlarn, Weiherberg im Christgartental/BY) (Böhme, Reclam).

Unterirdische Gänge > s. Einleitung: Klischees

V

Verlies: UG-Raum eines > Bergfriedes oder sonstigen größeren Turmes. Volkstümlich als „Kerker" missverstanden. Das Wort stammt aus dem Niederdeutschen und bedeutet soviel wie „(zu) verlieren", d.h. es meint einen Raum, „der sich [unter oberen Räumen?] verliert oder in dem sich jemand verlieren kann" (Duden).

Veste (Feste), die: Synonym für > Burg (Veste Dünzelbach/FFB), teils auch für > Festung (Veste Coburg/Franken; Veste Heldburg/TH). Im westlichen Bodenseegebiet findet sich die Bezeichnung für die einzelnen Bereiche der im Spät-MA in *obere V.* und *untere V.* aufgeteilten Burg Langenstei/Hegau.

Burg Runkelstein (Südtirol, I). Links die Haupt-, rechts die Vorburg (aus: Blaue Bücher 1913).

Vorburg: Der Hauptburg mit den herrschaftlichen Bauten vorgelagerte Gebäudegruppe aus untergeordneten und Wirtschaftsbauten. Oft führte der Weg in die Hauptburg durch die V., die eine separate Befestigung aufweisen konnte. Größere Burgen besaßen teils mehrere V.en.

Burg Hohenecken (Kaiserslautern-Hohenecken, KL, RP, D) in der Pfalz. Die Hauptburg ist durch die Schildmauer, in die der fünfeckige Bergfried einbindet, geschützt; rechts davor die Vorburg (aus: Hartung 1967).

Vorwerk (nicht zu verwechseln mit > Außenwerk). Der oft genutzte, aber nicht fest umrissene Begriff V. bezeichnet in der Burgenliteratur teils > Vorburgen, aber auch (v.a. in der Festungsforschung) vorgelagerte, von der Hauptumwallung getrennte Verteidigungswerke einer Burg, (Stadt-)Befestigung oder Festung und darüber hinaus die Außenwerke von Bastionärbefestigungen. V.e sind demnach auch Detachierte Werke; sie unterscheiden sich von Außenwerken einer (Stadt-)Festung dadurch, dass sie mit deren Umwallung in keinem unmittelbaren baulichen Kontext mehr stehen. Entsprechend mussten sie zu selbständiger Verteidigung ohne direkte Unterstützung von der eigentlichen Befestigung eingerichtet sein. Nach Anfängen im Spät-MA (Rhódos, Stadtbefestigung: Turm/Fort Ájios Jeórjios und Turm/Fort auf der Mühlenmole) und einzelnen Bsp. in der FN wurden detachierte Werke, insbesondere > Forts, gängig in den Fortgürteln der hiernach benannten Gürtelfestungen des 19. Jh.

W

Wachtturm > Warte / Wartturm
Wagenburg: eine seit der Antike bekannte Formation von Wagen, die zur Verteidigung aneinandergereiht in einem Viereck oder Kreis aufgestellt wurden. Bekannt sind W.en wandernder germanischer Stämme und der Hussiten, letztere im Spät-MA; Hussiten

Stadtbefestigung Rhódos (Insel Rhódos, GR). Vorwerke im Hafenbereich: Turm/Fort Ájios Nikolaos (rechts, am Ende der Mole) und Turm/Fort St. Angelo/St. Michael (links, auf der Mühlenmole, 1440/51) (aus: Caoursin 1496).

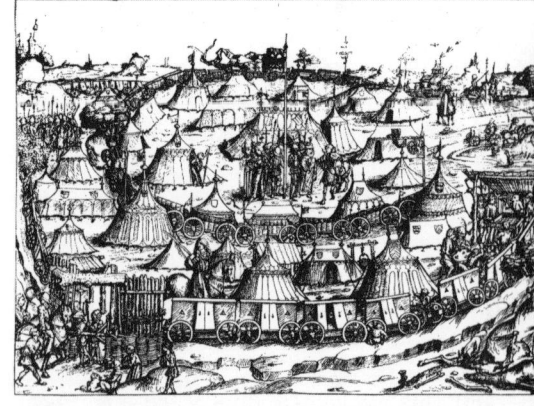

Kaiserliche Wagenburg nach Vorbild hussitischer Wagenburgen. Darstellung des sog. Hausbuchmeisters im Wolfegger Hausbuch, letztes Dr. 15. Jh. (aus: Wikimedia commons).

führten Wagen im Heer mit, die bei einer Schlacht zur W. formiert wurden (u.a. Schlacht bei Tachau, 1427), die sich aus 2 Beringen zusammensetzen konnte. Zur Verteidigung der W.en dienten u.a. auf Wagen installierte Feuerwaffen (dtailreiche Darstellung einer W. durch den *Hausbuchmeister*, 1475/90; aus der Deckung der W. heraus wurden Gegenangriffe unternommen. Die Wagen wurden durch Erdaufschüttungen, Kettensperren, Spanische Reiter und Unterkriechsperren zusätzlich gesichert. Auch osmanische Heere nutzten W.en (Schlacht von Mohács, 1526), und selbst europäische Siedler im „Wilden Westen" Amerikas und die Buren in S-Afrika bildeten W.en.

Wall: Erdaufschüttung, als Grundform von Befestigungen von der Jungsteinzeit bis in die Gegenwart genutzt, oft in Kombination mit vorgelegtem Graben, dessen Erdaushub im Idealfall das Material für den W. lieferte. Auf dem W. wurde meist ein Schutz für die Verteidiger angelegt (> Brustwehr, Palisade, Mauer). W.e gehörten vielfach zu Außenbefestigungen von Burgen.

Wallburg: Im Zeitraum 8.-10./11. Jh. errichtete Wehrbauten werden oft undifferenziert und falsch „W.en", „Ring-" oder „Abschnittswälle" genannt. Die Bezeichnungen rühren daher, dass verfallene Ringmauern dieser Burgen heute als Wälle (> Wall) erscheinen. Zwar gab es Holz-Erde-Befestigungen, deren Wälle aus aufgeschichteter Erde bestanden, doch häufig waren die Umwallungen schon im Früh-MA durch Holzpfosten oder/und Steinkonstruktionen stabilisiert (> Pfostenschlitzmauer).

Warte, die (auch Wartturm): W.n in Form einzelnstehender, von > Wall und > Graben umgebener Türme waren oft Teil des vorgeschobenen Befestigungsrings bzw. Rechtsbezirks einer Stadt (> Landwehr: Speyer). W.n

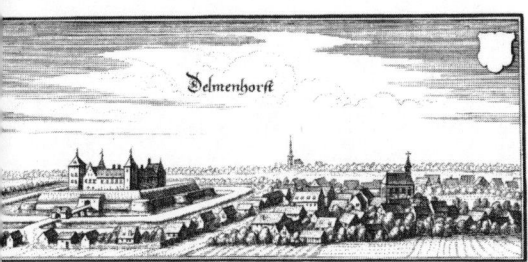

Schloss Delmenhorst (Delmenhorst, NS, D) im Oldenburger Land. Die Hauptburg umgibt ein Wall mit Eckrondellen, Kupferstich (aus: Merian, 1647).

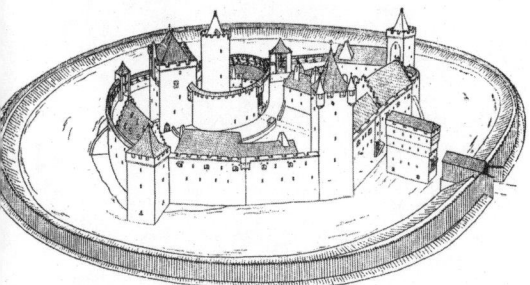

Burg Kapellendorf (TH, D) im Weimarer Land (aus: Wäscher 1961).

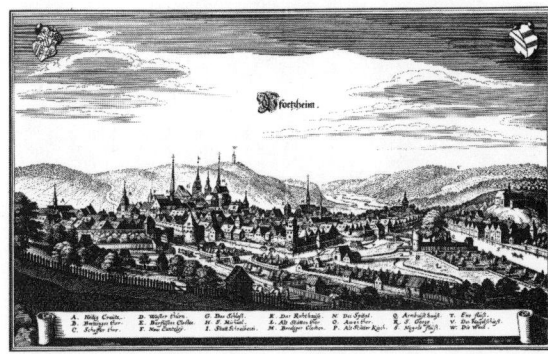

Pforzheim (BW, D) am Schwarzwald-Rand mit Warte (*Die Wart*) im Hintergrund (aus: Merian, 1643).

Westdorfer Warte bei Aschersleben (SA, D), ein spätmittelalterlicher Wartturm (historische Ansichtskarte).

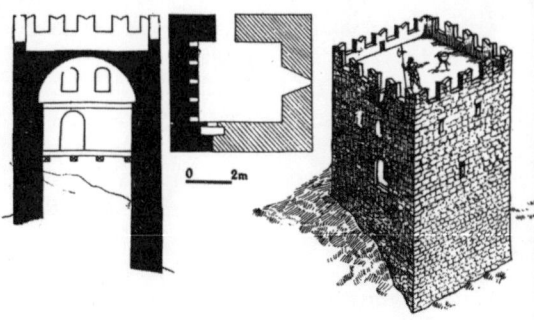

Wachtturm bei Glýfada (Insel Rhódos, GR). Schnitt, Grundriss und Rekonstruktion (aus: Spiteri 1994).

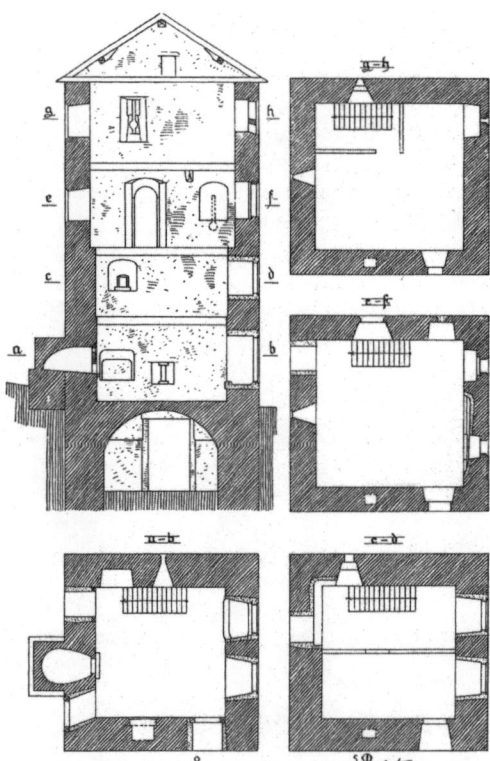

Zewener Turm (Trier-Zewen, RP, D) an der Mosel, Kombination aus Warte und Wohnturm (aus: KD Trier 1936).

Lippija Tower in der Gnejna Bay (Insel Malta, M), A. 17. Jh. (Foto: M. Losse).

entstanden häufiger im 14./15. Jh.; sie umgaben das Weichbild mancher Städte in Sichtweite und boten Warn- und (beschränkte) Verteidigungsmöglichkeiten, wie die von Trierer Erzbischöfen initiierten Türme in Oberkirch und Zewen/Mosel, nahe ihrer Residenzstadt Trier: Der Zewener Turm sollte die Grenze gegen das Territorium der Grafen v. Luxemburg sichern (> Wohnturm mit Schlüssel[loch]scharten, frühestens 2. V. 15. Jh.). Ein spätma. Turm, typologisch ebenfalls eine Kombination aus W. und Wohnturm, steht in Weißenturm/Rhein. Noch heute sind in D W.n teils inmitten moderner Großstädte (Frankfurt/Main: Bockenheimer W.), erhalten. Ab E. 15. Jh. waren Warten teils mit > Landwehren verbunden. – Im Mittelmeergebiet entstanden W.n vielfach als Systeme von Küstenwachttürmen im Spät-MA (Insel Rhódos/GR) und in der FN (Malta). – W.n gab es auch als > Vorwerke von Burgen.

Wasserburg (s.a. > Burgentypologie: topographischer Typus; > Weiherhaus): Burg auf einer natürlichen oder künstlich angelegten Insel bzw. auf einem durch die Anlage von Gräben zur Insel gemachten Standort in einem Feuchtgebiet (vgl. > Motte). Bei der Uferrandburg war mindestens eine Seite der Burg durch den Fluss (Gondorf/Mosel: Burg Zur Leyen) oder See, die anderen durch künstliche Gräben geschützt. Durch einen > Halsgraben vor einer Burg, deren Standort eine Halbinsel war, konnte diese zur W. bzw.

Burg 's-Gravensteen in Gent (B), Sitz der Grafen von Flandern (histor. Ansichtskarte).

Inselburg werden (Narangía/Insel Kós, GR; *castrum maris*/Birgu, M). Einzelne W.en entstanden in Hanglage innerhalb eines künstlich aufgestauten Gewässers (Caerphilly/CYM, 14. Jh.; Hagenwyl/TG, CH), d.h., die W. kann > Niederungs- oder > Höhenburg sein. Viele W.en setzen sich aus Hauptburg- und Vorburginsel zusammen. Die der Hauptburg zugewandte Seite der > Vorburg war oft bebauungsfrei. Einteilige W.en, bei denen Herrenhaus und Wirtschaftsgebäude auf einer Insel standen, galten als nicht standesgemäß; man wollte ihnen keine Landtagsfähigkeit zugestehen (Herzog 1989, 84). Eine aus der einteiligen Burg entwickelte Variante zeigt das Herrenhaus auf einem durch einen rechtwinkligen Graben aus der Gesamtinsel herausgetrennten Areal (Langendorf/Eifel). Verbreitet waren W.en in D im Tiefland (u.a. Ostfriesland; Münsterland; Mecklenburg-Vorpommern: Schwerin; N- und Voreifel).

Wassergraben > Graben; > Wasserburg

Wasserversorgung: Die W. von Burgen erfolgte meist über > Zisternen, Regentonnen, > Esels-/Ochsenwege, weit seltener über > Brunnen und externe Wasserleitungen (Holz-, Ton-, seltener Blei-, Kupferrohre): Wurde Wasser durch ein Röhrensystem in die Burg geführt, konnte dieses im Angriffsfall von den Angreifern unterbrochen werden.

Wehrbau: Weitverbreitete, einseitige Bezeichnung für Burgen, welche die repräsentativen Aspekte der Bauten vernachlässigt und sie fälschlich primär als militärische Bauten missversteht. Die repräsentativen Aspekte der Burgen wurden in den letzten Jahren zunehmend betont (u.a. Zeune 1996).

Wehrerker (Wurferker; fälschlich Gusserker; *Pechnase*): Unten offener > Erker an der > Feldseite der Wehrmauer oder eines Gebäudes, häufig über dem Tor, um den Feind von oben direkt zu bekämpfen (durch Steinwürfe; vgl. > Maschikuli).

Burg Aggstein (A) in der Wachau. Wehrerker über dem Portal der Hauptburg (aus: Piper ³1912).

Burg Lissingen (Gerolstein-Lissingen, DAU, RP, D) in der Vulkaneifel. Tor mit zwei funktional fast wertlosen Wehrerkern als Bedeutungsträgern (Foto: M. Losse).

Wehrgang: Durch > Brustwehr (mit > Zinnen oder hölzerne Verkleidung) gesicherter Gang mit Verteidigungseinrichtungen (z.B. > Schießscharten) als oberer Abschluss einer > Ring-, Wehr- oder Zwingermauer (> Zwinger), auf einem Burggebäude (u.a. Wohnturm) oder als hölzerne Konstruktion an einem höheren Stockwerk vorkragend (> Hur-

Stadtbefestigung Hillesheim (DAU, RP) in der Eifel. Der Wehrgang verläuft innen über Bogenstellungen (aus: Wackenroder 1928).

St. Martin am Diex (Kärnten, A). Wehrgang mit einem Bogenschützen (aus: Piper ³1912).

Burg Trausnitz über Landshut (BY, D). Wehrgang (aus: Piper ³1912).

den: Tengen/Hegau: Bergfried; Bischofstein/Mosel, dto.). Der eigentliche Laufgang konnte bei nur geringer Mauerbreite auf deren Innenseite über Bogenstellungen, Kragsteinen oder -platten sowie Holzbalken ausspringen, aber auch feldseitig vorkragen (> Rundbogenfries). Selten sind Brustwehren auf beiden Seiten des W.es (Freienfels/HE; Pfalzgrafenstein/Rhein). In Mittel-EU waren W.e meist überdacht, im Mittelmeergebiet hingegen selten.

Wehrkirche > Kirchenburg
Wehrkirchhof > Kirchenburg
Wehrplattform > Plattform
Weiherhaus, -häuschen: Meist kleinerer, kaum oder leicht befestigter, spätma. oder frühneuzeitlicher Adels- oder Patriziersitz, der auf einer natürlichen oder künstlichen Insel in einem Weiher/Teich stand; verbreitet v.a. in S-Deutschland (u.a. Franken). Urspr. meinte W. ein auf einer Insel in einem Fischteich stehendes, kleines Bauwerk, das der Kontrolle des Teiches diente (Schock-Werner, Reclam). Daraus entwickelten sich im Umfeld von Städten (Nürnberg) kleinere, ländliche Herrensitze städtischer Patrizier und wohlhabender Bürger (*Pellerschloß*/Fischbach bei Nürnberg). Ein Bsp. nahe des Bodensees bietet das als *sloss* und *wygerhus* erwähnte *Seehofschlößchen* im Steißlinger See,

108 Weiherhaus

Topplerschlößchen bei Rothenburg ob der Tauber (BY, D). Wohnturmartiges Weiherhaus eines Patriziers vor der Stadtmauer (aus: Piper ³1912).

Burg Nassau über Nassau (EMS, RP, D) an der Lahn. Wohnturm mit vor die Fassade ausspringendem Treppenturm (aus: Luthmer 1907).

das 1499 im Schweizerkrieg zerstört wurde. Aus der bildenden Kunst des Spät-MA sind mehrere Darstelungen von W.n bekannt (u.a. im Wolfegger Hausbuch, um 1480; Aquarell von Albrecht Dürer, 1494/95). Daraus geht hervor, dass W.er jener Zeit oft wie kleine > Wohntürme gestaltet waren (vgl. auch *Topplerschlößchen*/Rothenburg ob der Tauber).

Wendeltreppe: Treppe, die sich um eine vertikale Spindel (Spindeltreppe) oder einen runden, in der FN auch ovalen Treppenschacht schneckenartig emporwindet, an Burgen oft innerhalb von Türmen (Olbrück/Eifel; Kasselburg/Eifel), später auch in einem dem Gebäude vorgelegten > Treppenturm angelegt (Burg Nassau/Lahn: Wohnturm). Bedeutende W.n des 16. Jh. gibt es im Deutschordensschloss in Bad Margentheim (SW-Treppe mit spätgotischem Netzgewölbe und Renaissance-Dekor, 1586; NW-Treppe von Blasius, 1574). In der Spätgotik und der Reaniassance wurden W.n-Türme an hochrangigen Burgen oft sehr aufwendig gestaltet (Albrechtsburg/Meißen; Graz/A: Burg, 1499/1500).

Werkstein > Steinbearbeitung
Wich-, Weich-, Wiek-, Wik-, Wykhaus > Kampfhäuschen; > Flankierungsturm
Wippbrücke > Zugbrücke
Wohnturm (s.a. > Turmburg; > Weiherhaus): Ein im Gegensatz zum > Bergfried zum dauerhaften Bewohnen eingerichteter Turm, oft der Hauptturm einer Burg (> Turmburg; dort ausführlicher zu ma. W.en) als Wohnbau des Burgherrn, in manchen Burgen aber auch bewohnbare > Flankierungstürme als Burgmannensitze (Nürburg/Eifel). W.e gab es auch als ma. städtische Adels- und Ge-

Burg Karlstein in Böhmen (Karlstejn, CZ), spätgotischer Wohnturm einer königlichen Burg, Wiederherstellungsentwurf (aus: Ebhardt III 1958).

schlechtertürme (u.a. D: Konstanz; Regensburg; Trier – CH – F: Donjon gen. – GB: Keep gen.– I: v.a. innerhalb oberitalienischer Städte, wo teils verfeindete Familien immer höhere Türme erbauten, z.B. Bologna; S. Gimignano). Ferner als dörfliche Turmhäuser

Burg Thun (Thun, BE, CH) am Thuner See. Wohnturm mit vier Ecktürmen (aus: Blaue Bücher 1913).

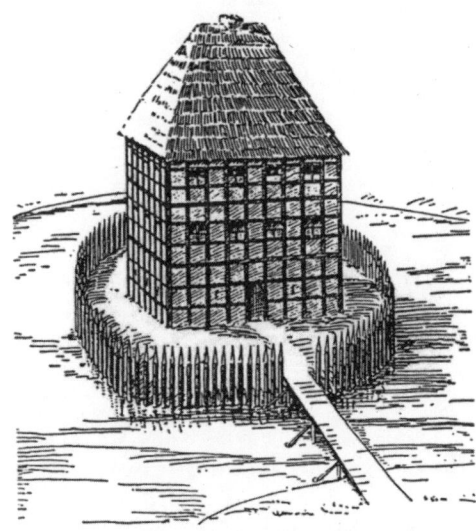

Burg Holtrop bei Bergheim (NRW, D), Fachwerkwohnturm, umgeben von einer Palisade (aus: Piepers 1960).

des Adels (u.a. Eifel-Mosel-Gebiet) teils noch in der FN (Malta, 16. Jh.; Griechenland: Mani, 18./19. Jh.).
Wolf: Ein im MA verbreitetes Gerät zum Anheben und Versetzen von Steinen, bestehend aus zwei keilförmigen Eisenelementen, die zusammen mit einem „Mittelstück und einem Eisenbolzen zu einer schwalbenschwanzförmigen Mittelklaue verriegelt werden" (Reclam). In die Oberseite des Steines wurde ein trapezförmiges Loch eingetieft, in das der W. eingelassen und fixiert wurde, um den Steinquader über den Ring, der die Elemente des W.s verband, anzuheben. Durch Entlastung konnte der W. nach dem Versetzen des Steins aus diesem entfernt werden.
Wolfsgrube: Eine vor, mancherorts hinter dem Tor angelegte Grube als zusätzliches Annäherungshindernis, durch eine bewegliche Brücke (> Zugbrücke, Wippbrücke) im Alltag überbrückt.
Wurferker > Wehrerker
Wurfmaschine > Antwerk; > Belagerung
Wurfstein (s.a. > Antwerk; > Belagerung): Eine wichtige Verteidigungswaffe – vermutlich seit Anbeginn gewaltsamer Auseinandersetzungen zwischen Menschen – waren bis mindestens ins 17. Jh. W.e, die bei entsprechender Abwurfhöhe tödlich sein können. In Schriftquellen des Spät-MA findet sich als Todesursache mancher Angreifer auf eine Befestigung verzeichnet, diese seien *erworffen*

Verteidigung eines Turmes der Stadtbefestigung von Rhódos (Insel Rhódos, GR) während der türkischen Belagerung 1480 u.a. mit Wurfsteinen (Holzschnitt aus: Caoursin 1496, Ausschnitt).

Verteidigung einer Burg, u.a. mit Wurfsteinen (aus: Codex Manesse 1305/15: Thüring v. Ringoltingen).

worden, und viele ma. Malereien zeigen Verteidiger, welche die angegriffene Burg mit Steinwürfen verteidigen.
Wurfschacht(reihe) > Maschikuli

Z

Zangenloch > Steinzange
Zeug > Antwerk; > Belagerung; > Zeughaus
Zinnen: Gemauerte, meist rechteckige Aufsätze auf der > Brustwehr, der > Ringmauer oder einem Gebäude (u.a. > Turm), die es Verteidigern erlaubten, aus der Deckung heraus Abwehrmaßnahmen wie Beschuss von Angreifern, Steinwürfe etc. vorzunehmen. Darüber hinaus waren Z. Herrschaftssymbole (Bedeutungsträger); sie gehörten im Hoch-MA zu den genehmigungspflichtigen Teilen eines Bauwerks, die aus diesem erst eine Burg machten. Auch im Spät-MA und der beginnenden FN behielten Z. Symbol-

Schwalbenschwanz-Zinnen, verbreitet in Italien: Castelvecchio in Verona (I) mit befestigter Brücke, beide 14. Jh. (Foto Marburg).

wert. Angebracht wurden sie als Abschlüsse von Wohnbauten (oft fälschlich Zier-Z. genannt: Überlingen/Bodensee, Reichlin-Meldegg-Haus, E. 15. Jh.), als Giebelbekrönungen (> Zinnengiebel), aber auch an kunstgewerblichen Produkten (u.a. Sakramentshäuschen; Weihrauchfässchen). Nachdem im 18./19. Jh. vielfach inzwischen überflüssige > Wehrgänge und Z. abgebrochen worden waren, fanden Z. im 19. Jh./fr. 20. Jh. erneut Verwendung, etwa bei historistischen Umbauten von Schlössern, denen man so ein burghaftes Aussehen geben wollte. – Teils waren in breitere Z. > Schießscharten oder Sichtschlitze integriert. Im Zuge der Anpassung an Feuerwaffen wurden auf manchen Burgen Z. verändert oder vermauert (Burg Alt-Bodman/Bodensee: Wohnturm). – In verschiedenen europäischen Ländern entwickelten sich verschiedenartige Z.-Formen, so z.B. Pyramiden-Z. (mit einer steinernen Pyramide als Aufsatz: Iberische Halbinsel), Schwalbenschwanz-Z. (auch Ghibelinische Z.: Italien), Johanniter-Z. (eine oft doppelt, teils sogar mehrfach eingekerbte Z., entwickelt aus der Schwalbenschwanz-Z.; kam in dieser Form nur im ägäischen Staat des Johanniter-Ritterordens 1307-1522 vor und ließ die entsprechenden Burgen sofort als dem Orden gehörig erkennen, sie waren ikonographische Elemente).

Zinnengiebel: Eine aufwendigere Form des > Stufen-/Staffelgiebels, dessen einzelne Stu-

Pyramiden-Zinnen, verbreitet auf der Iberischen Halbinsel, hier Burg Maqueda (E) in Neukastilien (aus: Ebhardt II 1958).

Reichlin-Meldegg-Residenz in Überlingen am Bodensee (FN, BW, D), wohl nach 1456, mit Zinnengiebel (aus: Gruber 1926).

fen jeweils an der Außenseite mit einer > Zinne besetzt sind (Überlingen/Bodensee,: Reichlin-Meldegg-Haus, E. 15. Jh.).

Grazzano Visconti (I), Palazzo mit Zinnengiebel (Foto Marburg).

Reichlin-Meldegg-Residenz in Überlingen am Bodensee (FN, BW, D). Zinnengiebel des Hauptgebäudes, davor Stufen-/Treppengiebel des Kapelle (aus: Kraus 1887).

Zinnenlücke: Die Mauerwerksaussparung in einer (Wehrgangs-)Brüstung zwischen zwei > Zinnen. Die Z. war an manchen Wehrbauten durch hölzerne > Klappläden verdeckt, um so den Schutz für die Verteidiger zu erhöhen.

Zisterne: Unterirdischer, meist künstlich geschaffener, überdeckter/überwölbter Hohlraum zur Aufbewahrung von Wasser. Da nicht auf allen Höhenburgen schwierig, aufwendig und kostenintensiv anzulegende > Brunnen geschaffen werden konnten, war die Z. ein äußerst wichtiges Element der Wasserversorgung. In sie wurde das von Dächern und anderen Flächen ablaufende Oberflächenwasser (Regen-, Schmalzwasser) geleitet. Die gebräuchlichste Z. war mit Estrich und/oder Ton abgedichtet (sog. Tank-Z.). Aufwendiger waren Filter-Z.n, in die Regenwasser durch verschiedene feine Kies- und Sandschichten, die den einem Brunnenschacht ähnlichen Z.n-Schacht umgaben, geleitet und so gefiltert/gesäubert wurde. Durch seitliche Öffnungen im unteren Teil des Z.n-Schachtes drang das Wasser in diesen ein und konnte danach wie aus einem Brunnen mit Eimern geschöpft werden. Beim heutigen ruinösen Zustand vieler Burgen ist anhand vorhandener Schächte meist nicht ohne archäologische Grabung zu erkennen, ob es sich im eine Z. oder einen Brunnen handelte.

Zollburg (> Burgentypologie: funktionaler Typus): Burg, zu deren Hauptfunktionen die

Burg Pfalzgrafenstein auf einer Rheininsel bei Kaub (RP, D), darüber die Burg Gutenfels (Kupferstich aus: Merian, Topographia Palatinatus Rheni, 1645).

Überwachung einer Zollstelle gehört. Überwachung einer Zollstelle gehört, meist durch eine separierte Außenanlage.

Burg Ehrenfels (Rüdesheim, HE, D) mit Ehrenfelser Zoll und Mäuseturm (von *Mautturm*) auf der Rheininsel (Kupferstich aus: Merian, Topographia Archiepiscopatum Moguntinensis, 1646).

Zollturm: > Wachtturm zur Sicherung und optischen Besetzung einer Zollstelle (> Zollburg), teils an größeren, für Schiffsverkehr nutzbaren Flüssen wie dem (Mittel-)Rhein erbaut. Einige Z.e stehen auf Flussinseln, so der *Mäuseturm* auf der Felsinsel zwischen Bingerbrück/RP und Burg Ehrenfels/HE (Name entweder von Maut [Zoll], *Muserie* [Geschütz] oder mhd. *mûsen* [spähen, lauern, beobachten]; Luthmer 1907, 55). Der in der 1. H. 14. Jh. erbaute, 4-eckige, 4-stöckige Turm diente der Verstärkung der Zollsperre über den Rhein von Burg Ehrenfels über den

Mäuseturm im Rhein bei Bingen (MZ, RP, D). Zusammen mit der Burg Klopp über Bingen und der Burg Ehrenfels am rechtsrheinischen Ufer bildete der Turm eine Zollsperre am Zugang zum Mittelrheintal in Höhe der Nahemündung (aus: Meisner 1625–31).

Ehrenfelser Zoll am Fuß der Burgberges zur Burg Klopp über Bingen/RP. – Burg Pfalzgrafenstein (gen. *Pfalz [im Rhein]*) ging aus einem Z. hervor: 1277 hatten der Pfalzgraf den Ort Kaub mit Burg und daran gebundenem Zoll erworben, 1326/27 ließ König Ludwig *der Bayer* zu besserer Kontrolle des Rheins den Turm erbauen, was Proteste der drei rheinischen Erzbischöfe und einen päpstlichen Bann zur Folge hatte. Ab 1338 wurde der Turm mit einer Ringmauer umgeben, im 17. Jh. wurde aus der Burg eine kleine > Festung, die bis ins 18. Jh. Zollstation blieb.

Zugbrücke: Mit dem 13. Jh. in D häufiger vorkommender Typus der Brücke, bei dem meist der letzte, hölzerne Brückenteil unmittelbar vor dem Burg-/Stadttor beweglich ausgebildet wurde, um mit Zugketten (Z.) oder Balkenwippen (Wippbrücke) vor das Tor gehoben werden zu können. Damit war der für potentielle Angreifer einfachste Weg über den Burggraben, die Brücke, unterbrochen und das Tor durch die Fläche des aufgezogenen Brückenteils zusätzlich geschützt.

Burg Hagenwyl im Thurgau (TG, CH). Zugbrücke mit Schwungrute (aus: Piper ³1912).

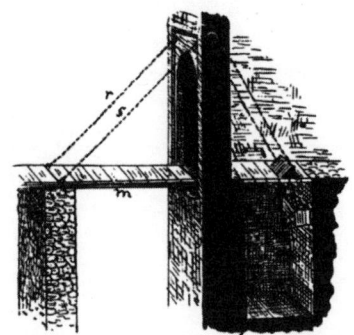

Burg Dornsberg im Vintschgau (Südtirol, I). Zugbrücke (aus: Piper ³1912).

Burg Vischering im Münsterland (Lüdinghausen, NRW, D). Zugbrücke (aus: Piper ³1912).

Wippbrücke als Sonderform der Zugbrücke, Schema (aus: Piper ³1912).

Zungenburg (> Burgentypologie: topographischer Typus): Form der > Höhenburg, deren Standort eine Bergzunge; in der baulichen Ausformung weitgehend der > Spornburg entsprechend.

Zweischalenmauer(werk): Im ma. Burgenbau häufige Technik, bei der die Mauer zwischen Innen- und Außenschale eine Mischung aus Gesteinsgruß und Mörtel (sog. Füllmauerwerk) enthält.

Zwinger, der: Zwischen > Ringmauer und einer ihr vorgelegten Mauer (Z.-Mauer) gelegener Geländestreifen als zusätzliches Annäherungshindernis für Angreifer vor der Ring- oder Wehrmauer. In D waren Zwinger (auch *Zingel*) seit dem 14. Jh. weiter verbreitet. Sie konnten eine Stadtbefestigung oder Burg insgesamt oder nur die Hauptburg als geschlossener äußerer Bering umgeben, nur

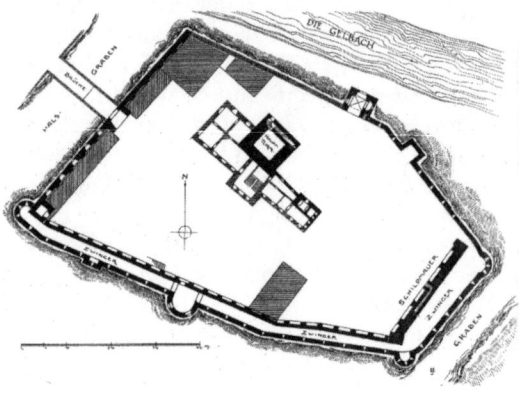

Burg Langenau an der Lahn (EMS, RP, D) mit spätmittelalterlichem Zwinger, daran Flankierungstürme und ein Rondell (aus: Luthmer 1907).

Burg Schleiden in der Eifel (Schleiden, SLE, NRW, D) mit vorgelegten Zwingern (aus: Merian, Topographia Circuli Burgundici, 1654).

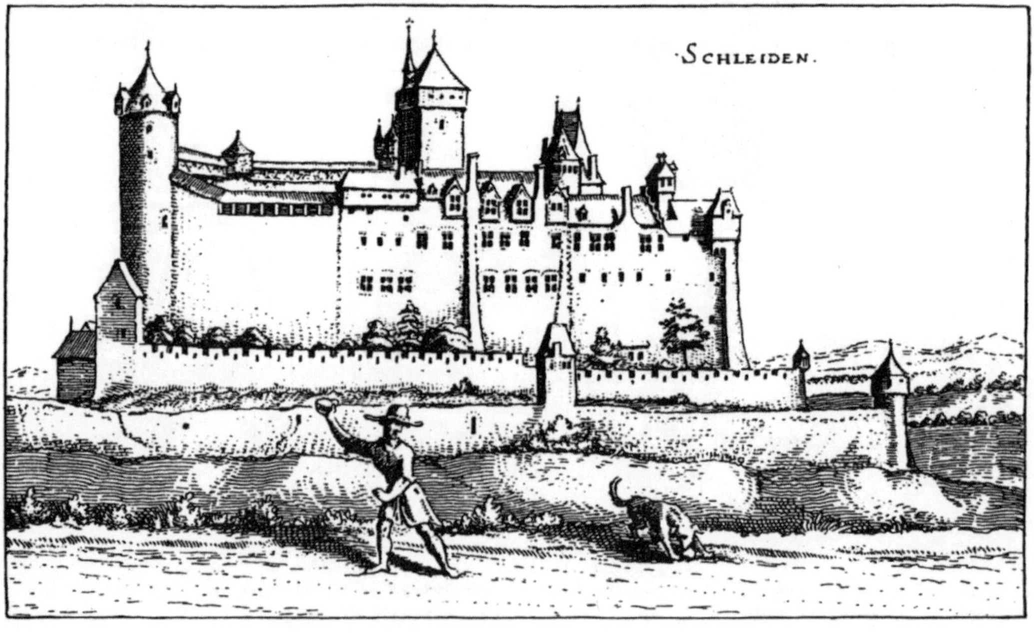

einem Teilbereich der Burg vorgelegt sein (als Torzwinger: Hohenklingen/SH, CH) oder den Burgweg aufnehmen (Braubach: Marksburg; Mägdeberg/KN). Aufwendigere Zwinger waren teils zusätzlich mit > Flankierungstürmen, meist > Schalentürmen, besetzt. Mancherorts nahmen breitere Z. Stallungen, Schuppen, Scheunen etc. auf. Manch große Z.-Anlage ging in die > Vorburg über oder bildete mit deren Bering eine gemeinsame > Ringmauer (Laufen am Rheinfall/CH); in einzelnen Fällen umgab ein weiträumiger Z. mit der Funktion einer Vorburg die Hauptburg.

Stadtbefestigung Rhódos (Insel Rhódos, GR), Torzwinger vor dem Trebuc Tower. Zeichnung von Dr. Stephen C. Spiteri (aus: Spiteri 1994).

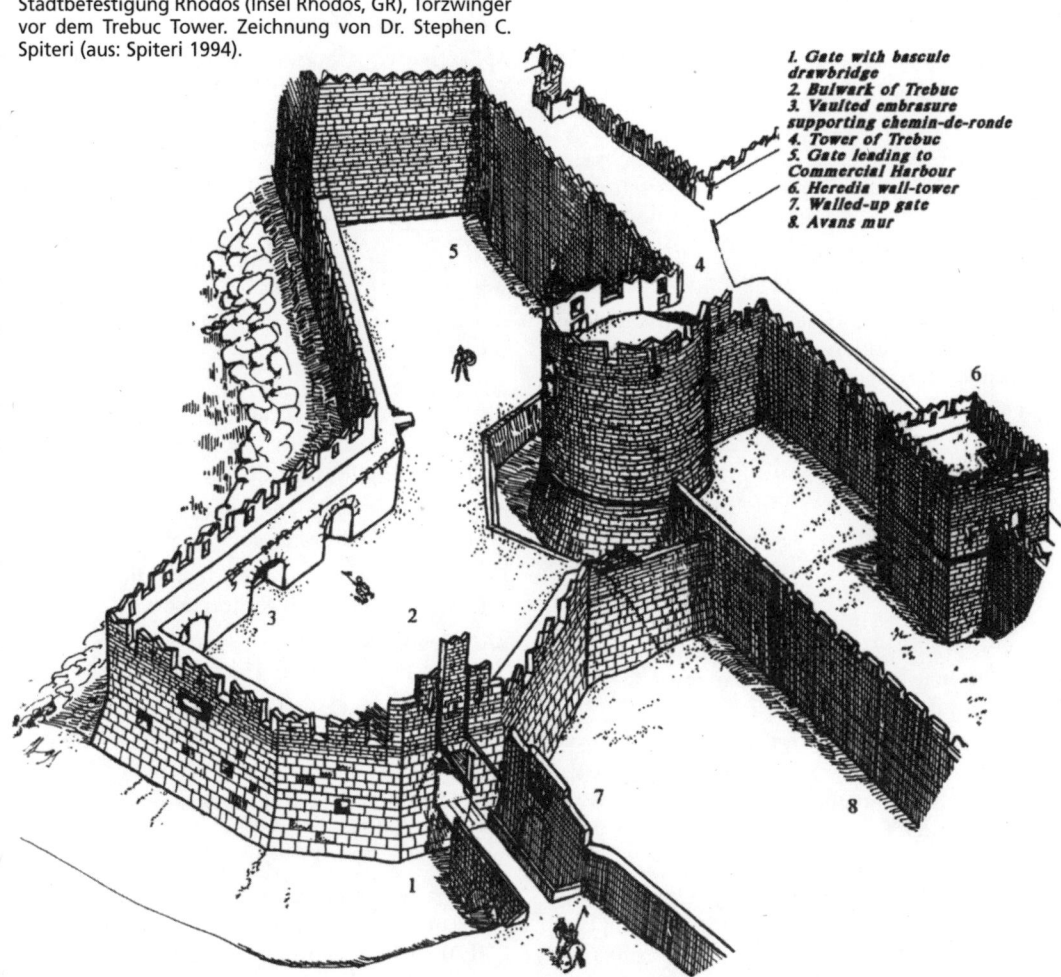

Anhang

Literatur

Abkürzungen:

BuS: Burgen und Schlösser (Zeitschrift der Deutschen Burgenvereinigung)

FJ: Festungsjournal (Zeitschrift der Deutschen Gesellschaft für Festungsforschung)

FzBS: Forschungen zu Burgen und Schlössern (Jahrbuch der Wartburg-Gesellschaft zur Erforschung von Burgen und Schlössern)

ALTHOFF, Gerd: Spielregeln der Politik im Mittelalter. Kommunikation in Frieden und Fehde. Darmstadt 1997.

ALTMANN, Hans/SIEPEN, Bernhard (Hg.): Burgen und Basare der Kreuzfahrerzeit. Hrsg. durch die Gesellschaft für Internationale Burgenkunde Aachen. Petersberg 2005.

ANDERMANN, Kurt: Raubritter – Raubfürsten – Raubbürger? Zur Kritik eines untauglichen Begriffs. In: Kurt ANDERMANN (Hg.): „Raubritter" oder „Rechtschaffene vom Adel"? Aspekte von Politik, Friede und Recht im späten Mittelalter (Oberrheinische Studien, 14). Sigmaringen 1997, S. 9-29.

ANDERMANN, Kurt/PFEIFER, Gustav (Hg.): Ansitz – Freihaus – corte franca. Bauliche und rechtsgeschichtliche Aspekte adligen Wohnens in der Vormoderne. Innsbruck 2013.

ANDERMANN, Ulrich: Ritterliche Gewalt und bürgerliche Selbstbehauptung. Untersuchungen zur Kriminalisierung und Bekämpfung des spätmittelalterlichen Raubrittertums am Beispiel norddeutscher Hansestädte. Frankfurt/M. u.a. 1991.

ANDREWS, Kevin: Castles of the Morea. Amsterdam 1978 (Reprint der Ausgabe Princeton, New Jersey 1953).

ANTONOW, Alexander: Burgen des südwestdeutschen Raums im 13. und 14. Jahrhundert unter besonderer Berücksichtigung der Schildmauer. Bühl/Baden 1977.

ATZBACH, Rainer: Ritter. Die militia christiana als Lebensform im Mittelalter. In: Kai Thomas PLATZ/Konrad BEDAL (Hg.): Ritter, Burgen und Dörfer. Mittelalterliches Leben in Stadt und Land. Gebietsausschuß Fränkische Schweiz. Tüchersfeld 1997 (Ausstellungskatalog).

ATZBACH, Rainer/LÜKEN, Sven/OTTOMEYER, Hans: Burg und Herrschaft (Ausstellungskatalog), Deutsches Historisches Museum, Berlin. Dresden 2010.

AVENARIUS, Wilhelm: Ritter und Burgen, Schlösser und Festungen. Koblenz 1996.

BANDMANN, Günter: Mittelalterliche Architektur als Bedeutungsträger. Berlin 1951.

BANDMANN, Günter: Ikonologie der Architektur. In: WARNKE 1984, S. 19-71.

BARZ, Dieter: Das „Feste Haus" – ein früher Bautyp der Adelsburg. In: BuS, 1/1993, S. 10-24.

BENNETT, Matthew (Hg.): Kriege im Mittelalter Schlachten – Taktik – Waffen. Ostfildern 2009.

BERNS, Wolf-Rüdiger: Burgenpolitik und Herrschaft des Erzbischofs Balduin von Trier (1307-1354). Sigmaringen 1980.

Idealbild einer spätmittelalterlichen Burg (Umzeichnung einer Abb. aus: Konrad Kyeser: Bellifortis, letztes Dr. 14. Jh., aus: Piper ³1912.

BILLER, Thomas: Die Wülzburg. Architekturgeschichte einer Renaissancefestung (unter Mitwirkung von Daniel BURGER). München und Berlin 1996.

BILLER, Thomas: Die Adelsburg in Deutschland. Entstehung, Gestalt, Bedeutung. München 1998.

BILLER, Thomas/METZ, Bernhard: Die Burgen des Elsass. Bd. II: 1200-1250. München 2007; Bd. III: 1250-1350. München 1995.

BILLER, Thomas: Burgmannensitze in Burgen des deutschen Raumes. In: Peter ETTEL (Hg.): La Basse-cour. Actes du colloque international de Maynooth (Irlande), 23–30 août 2002 (Château Gaillard, 21). Caen 2004, S. 7-16.

BILLER, Thomas (Hg.): Der Krak des Chevaliers. Die Baugeschichte einer Ordensburg der Kreuzfahrerzeit (FzBS, Sonderbd. 3). Regensburg 2006.

BILLER, Thomas: Templerburgen. Darmstadt 2014.

BILLER, Thomas/GROßMANN, G. Ulrich: Burg und Schloss. Der Adelssitz im deutschsprachigen Raum. Regensburg 2002.

BINDING, Günther: Baubetrieb im Mittelalter. Darmstadt 1993.

BINGENHEIMER, Klaus/SCHOCK-WERNER, Barbara (Hg.): Fenster und Türen in historischen Wehr- und Wohnbauten. Stuttgart und Braubach 1995.

BLICKLE, Peter: Die Herrschaft des Adels 1300-1800. Gefährdung – Stabilisierung – Konsolidierung. In Mark HENGERER/Elmar L. KUHN, in Verbindung mit Peter BLICKLE (Hg.): Adel im Wandel. Oberschwaben von der Frühen Neuzeit bis zur Gegenwart. Bd. 1. Ostfildern 2008, S. 45-56.

BLOCH, Marc: Die Feudalgesellschaft. Stuttgart 1999.

BODE, Gabriele Nina/LOSSE, Michael/STRICKHAUSEN, Gerd/ZEUNE, Joachim: Die Baugestalt der mittelalterlichen Burg: Formen und Typen im Überblick. In: Deutsche Burgenvereinigung, 1, 1999, S. 182-191.

BODSCH, Ingrid: Burg und Herrschaft. Zur Territorial- und Burgenpolitik der Erzbischöfe von Trier im Hochmittelalter bis zum Tod Dieters von Nassau (†1307). Boppard 1989.

BÖHME, Horst Wolfgang: Burgen der Salierzeit in Hessen, in Rheinland-Pfalz und im Saarland. In: BÖHME 2 1992, S. 7-80.

BÖHME, Horst Wolfgang (Hg.): Burgen der Salierzeit. 2 Bde. Sigmaringen 1992.

BORNHEIM GEN. SCHILLING, Werner: Rheinische Höhenburgen. 3 Bde. Neuss 1964.

BORST, Arno: Lebensformen im Mittelalter. Frankfurt/M. 1979.

BORST, Otto: Alltagsleben im Mittelalter. Frankfurt/M. 1983.

BOXLER, Heinrich/MÜLLER, Jörg: Burgenland Schweiz. Bau und Alltag. Solothurn 1990.

BRACHMANN, Hansjürgen: Der frühmittelalterliche Befestigungsbau in Mitteleuropa. Untersuchungen zu seiner Entwicklung und Funktion im germanisch-deutschen Bereich (Schriften zur Ur- und Frühgeschichte; 45). Berlin 1993.

BREITLING, Stefan: Adelssitze zwischen Elbe und Oder 1400-1600. Braubach 2005.

BROHL, Elmar: Zum Festungsbegriff. In: FJ 5, Mai 1998, S. 16-21.

BROHL, Elmar: Rondelle oder Bastionen – Das Problem des toten Winkels. In: FJ 30, Juli 2007, S. 52-60.

BROHL, Elmar (Hg.): Militärische Bedrohung und bauliche Reaktion. Festschrift für Prof. Volker Schmidtchen. Hrsg. i.A. der Deutschen Gesellschaft für Festungsforschung. Marburg 2000.

BROHL, Elmar/BROHL, Waltraud: Geschützturm – Barbakane – Rondell – Ravelin. In: Burgenforschung in Hessen. Begleitband zur Ausstellung im Marburger Landgrafenschloß vom 1. November 1996 bis 2. Februar 1997, Schriftleitung: Horst Wolfgang BÖHME; Redaktion: Bernhard SCHROTH (Kleine Schriften aus dem Vorgeschichtlichen Seminar Marburg, hrsg. von der Philipps-Universität, Bd. 46). Marburg 1996, S. 183-187.

BRUNNER, Karl/DAIM, Falko: Ritter. Knappen. Edelfrauen. Ideologie und Realität des Rittertums im Mittelalter. Wien, Köln, Graz 1981.

BUMKE, Joachim: Ministerialität und Ritterdichtung. München 1976.

BUMKE, Joachim (Hg.): Höfische Kultur. Literatur und Gesellschaft im hohen Mittelalter. München 31986.

CZAJA, Roman/SARNOWSKY, Jürgen (Hg.): Die Ritterorden als Träger der Herrschaft: Territorien, Städte, Grundbesitz und Kirche (Ordines Militares, Colloquia Torunensia Historica, XIII). Toruń 2007.

DEMEL, Walter: Der europäische Adel. Vom Mittelalter bis zur Gegenwart. München 2005.

DEMURGER, Alain: Die Ritter des Herrn. Geschichte der geistlichen Ritterorden. München 2003.

DENDORFER, Jürgen/DEUTINGER, Roman (Hg.): Das Lehnswesen im Hochmittelalter. Forschungskonstrukte – Quellenbefunde – Deutungsrelevanz (Mittelalter-Forschungen, 34). Ostfildern 2010.

Deutsche Burgenvereinigung (Hg.). Burgen in Mitteleuropa. Ein Handbuch. 2 Bde. Hrsg. Horst Wolfgang BÖHME/Busso von der DOLLEN/Dieter KERBER. Stuttgart 1999.

DUFFY, Christopher: Siege Warfare. The Fortress in the Early Modern World 1494-1660. London and Henley 1979.

DURDIK, Tomáš: Kastellburgen des 13. Jahrhunderts in Mitteleuropa. Wien 1994.

DURDIK, Tomáš: Encyklopedie českých hradů. Prag 1996.

DURDIK, Tomáš: Zur Problematik eines möglichen Einflusses der Kreuzzüge auf die mitteleuropäische Burgenarchitektur. In: BuS, 4/2013, S. 197-208.

EBHARDT, Bodo: Der Wehrbau Europas im Mittelalter. 3 Bde. Neudruck Würzburg 1998 [in vielen Aspekten veraltet, doch von forschungsgeschichtlichem Interesse].

ECKHARDT, Alfred: Studien zur Baugeschichte früher Kreuzritterburgen in Griechenland (Diss.). Berlin 1971.

EVANS, Martin Marix: The Military Heritage of Britain & Ireland. London 1998.

FABINI, Hermann: Atlas der siebenbürgisch-sächsischen Kirchenburgen und Dorfkirchen. Bd. 1. Hermanstadt (Sibiu) [2]2002.

FANTOURON, K.: Fortifications en Grece. In: IBI-Akten, VIII. Wissenschaftlicher Kongreß. Athen 1968.

FARA, Amelio: Il Sistema e la Città. Architettura fortificata dell'Europa moderna dai trattati alle realizzazioni 1464-1794. Genua 1989.

FEDDEN, Robin/THOMSON, John: Kreuzfahrerburgen im Heiligen Land. Wiesbaden 1959.

FFOULKES, Charles: The gun-founders of England. London [2]1969.

FOSS, Clive/WINFIELD, David: Byzantine Fortresses: An introduction. [University of South Africa] Pretoria 1986.

FREY, Christian: Schutzort, Schauplatz, Statussymbol. Burgen als Handlungsort in den nord- und ostdeutschen Grenzräumen des früheren Mittelalters. Braubach 2014.

FRIEDHOFF, Jens: Sauerland und Siegerland. 70 Burgen und Schlösser (Theiss Burgenführer). Stuttgart 2002.

Frontinus-Gesellschaft e.V./Landschaftsverband Rheinland/Rheinisches Amt für Bodendenkmalpflege (Hg.): Wasser auf Burgen im Mittelalter (Geschichte der Wasserversorgung, 7). Mainz 2007.

GABRIEL, Albert: La cité des Rhodes MCCCX-MDXXII. Architecture civile et religieuse. 2 Bde. Paris 1922-23.

GLEUE, Axel W.: Ohne Wasser keine Burg. Die Versorgung der Höhenburgen und der Bau der tiefen Brunnen. Regensburg 2014.

GLEUE, Axel W.: Wie kam das Wasser auf die Burg? Vom Brunnenbau auf Höhenburgen und Bergvesten. Regensburg 2014.

GRATHOFF, Stefan: Mainzer Erzbischofsburgen. Erwerb und Funktion von Burgherrschaft am Beispiel der Mainzer Erzbischöfe im Hoch- und Spätmittelalter. Stuttgart 2005.

GRAVETT, Christopher/HOOK, Richard: Medieval Siege Warfare. Westminster 1990.

GRAVETT, Christopher/HOOK, Adam: The Castles of Edward I in Wales 1277-1307. London 2007.

GREBE, Anja/GROßMANN, G. Ulrich: Burgen in Deutschland, Österreich und der Schweiz. Architektur und Alltag (Imhof-Kulturgeschichte). Petersberg 2007.

GROßMANN, G. Ulrich: Burgen in Europa. Regensburg 2005.

GROßMANN, G. Ulrich (Hg.): Mythos Burg (Ausstellungskatalog), Germanisches Nationalmuseum, Nürnberg. Dresden 2010.

GROßMANN, G. Ulrich (Hg.): Die Welt der Burgen. Geschichte, Architektur, Kultur. München 2013.

GROßMANN, G. Ulrich/OTTOMEYER, Hans: Die Burg. Dresden 2010.

GÜNSTER, Nina: Von Brunnen, Eseln und anderem: Wasserversorgung auf Höhenburgen am Beispiel des Karstgebietes Nördliche Frankenalb. Braubach 2013.

HECHBERGER, Werner: Adel, Ministerialität und Rittertum im Mittelalter (Enzyklopädie deutscher Geschichte, 72). München 2004.

HEINE, Hans-Wilhelm: Studien zu Wehranlagen zwischen junger Donau und westlichem Bodensee (Forschungen und Berichte der Archäologie des Mittelalters in Baden-Württemberg, 5). Stuttgart 1978.

HEINE, Hans-Wilhelm: Frühe Burgen und Pfalzen in Niedersachsen. Von den Anfängen bis zum frühen Mittelalter. Hildesheim ²1995.

HELLENKEMPER, Hansgerd: Burgen der Kreuzritterzeit in der Grafschaft Edessa und im Königreich Kleinarmenien. Studien zur Historischen Siedlungsgeographie Südost-Kleinasiens (Geographica Historica, 1). Bonn 1976.

HERRMANN, Christofer: Wohntürme des späten Mittelalters auf Burgen im Rhein-Mosel-Gebiet. Espelkamp 1995.

HERRMANN, Christofer: Burgen im Ordensland. Deutschordens- und Bischofsburgen in Ost- und Westpreußen. Ein Reisehandbuch. Würzburg 2006.

HERRMANN, Christofer: Mittelalterliche Architektur im Preußenland. Untersuchungen zur Frage der Kunstlandschaft und –geographie (Studien zur internationalen Architektur- und Kulturgeschichte, 56). Petersberg 2007.

HERZOG, Harald: Rheinische Schloßbauten im 19. Jahrhundert. Köln 1981.

HERZOG, Harald: Burgen und Schlösser. Geschichte und Typologie der Adelssitze im Kreis Euskirchen. Köln 1989.

HILLEBRAND, Friedrich: Das Öffnungsrecht bei Burgen, seine Anfänge und seine Entwicklung in den Territorien des 13.-16. Jahrhunderts unter besonderer Berücksichtigung Württembergs (Diss. phil.). Tübingen 1967.

HINZ, Hermann: Motte und Donjon. Zur Frühgeschichte der mittelalterlichen Adelsburg (Zeitschrift für Archäologie des Mittelalters, Beiheft 1). Köln 1981.

HÖHNE, Dirk/KRATZKE, Christine: Die mittelalterliche Dorfkirche in den neuen Bundesländern II. Form – Funktion – Bedeutung [mit mehreren wichtigen Beiträgen zu Wehrkirchen] (Hallesche Beiträge zur Kunstgeschichte). Halle 2006.

HOFRICHTER, Hartmut (Hg.): Putz und Farbigkeit an mittelalterlichen Bauten. Stuttgart und Braubach 1993.

HOFRICHTER, Hartmut (Hg.): Die Burg – ein kulturgeschichtliches Phänomen. Stuttgart 1994.

HOTZ, Walter: Kleine Kunstgeschichte der deutschen Burg. Darmstadt 1975; Frechen [5]1991.

JÄGER, Herbert: Die erste (?) aller Grabenwehren. In: fortifikation 6, 1992, S. 23-29.

JANSSEN, W.: Burg und Territorium am Niederrhein im späten Mittelalter. PATZE 1974, I, S. 283-324.

KEDDIGKEIT, Jürgen et al. (Hg.): Pfälzisches Burgenlexikon. 4 Bde. Kaiserslautern 1999-2007.

KNAPPE, Rudolf: Mittelalterliche Burgen in Hessen: 800 Burgen, Burgruinen und Burgstätten. Gudensberg-Gleich 3/2000.

KOCH, Karl-Heinz/SCHINDLER, Reinhard: Vor- und frühgeschichtliche Burgwälle des Regierungsbezirkes Trier und des Kreises Birkenfeld (Trierer Grabungen und Forschungen, 13.2). Trier 1994.

KOLLIAS, Elias: The City of Rhodes and the Palace of the Grand Master. Athen 1988.

KOLLIAS, Elias: The Knights of Rhodes. Athen 1991.

KOLLIAS, Elias: The castles of the Knights Hospitallers in the Dodecanese Islands. In: TRIPOSKOUFI/TSITOURI 2002, S. 165-181.

KUNZE, Rainer: Spätblüte. Reichenberg und der mittelrheinische Burgenbau des 14. Jahrhunderts. Braubach 1998.

LEONARDY, Heribert J./KERSTEN, Hendrik: Burgen in Spanien. Eine Reise ins spanische Mittelalter. Darmstadt 2002.

Lexikon des Mittelalters. Studienausgabe. Stuttgart und Weimar 1999.

LÍBAL, Dobroslav: Burgen und Festungen in Europa. Prag 1993.

LIESSEM, Udo: Bemerkungen zu einigen Burgen der Salierzeit im Mittelrheingebiet. In: BÖHME 1992, S. 81-112.

LOSSE, Michael: Die Johanniter-Ordensburg bei Monólithos (Insel Rhódos) und die Ordensburg-Typen in der Ägäis (1307-1522). In: FzBS, 6, 2001, S. 277-286.

LOSSE, Michael: Burgen als zentrale Orte im ägäischen Ordensstaat der Johanniter (1307 bis 1522). Zentralfunktionale Aspekte der „Castellania" und der Ordensburgen auf den griechischen Dodekanes-Inseln und an der kleinasiatischen Küste. In: SCHOCK-WERNER/HOFRICHTER 2001, S. 45-53.

LOSSE, Michael: Theiss Burgenführer Hohe Eifel und Ahr. Stuttgart 2003.

LOSSE, Michael [Text]/NOLL, Hans [Fotos]: Burgen, Schlösser und Festungen im Hegau. Wehrbauten und Adelssitze im westlichen Bodenseegebiet. 2., teils aktualisierte und ergänzte Aufl. Singen (Hohentwiel) 2006.

LOSSE, Michael: Die Lahn. Burgen und Schlösser. Von Biedenkopf und Marburg über Gießen, Wetzlar und Weilburg bis Limburg, Nassau und Lahnstein. Petersberg 2007.

LOSSE, Michael: Die Mosel. Burgen, Schlösser, Adelssitze und Befestigungen von Trier bis Koblenz. Petersberg 2007.

LOSSE, Michael: Frühe Bastionen an Wehrbauten der Johanniter in der Ägäis: Das Beispiel des „Kástro tís Panajiás" bei Plátanos (Insel Léros). In: MÜLLER/SCHMITT 2007, S. 63-72.

LOSSE, Michael: „Keck und fest, mit senkrechten Mauertürmen ... wie eine Krone". Burgen, Schlösser und Festungen an der Ahr und im Adenauer Land. Regensburg 2008.

LOSSE, Michael: Burgen und Städte im ägäischen Ordensstaat der Johanniter (1306/07-1522). In: PIANA 2008, S. 467-480.

LOSSE, Michael: Wacht- und Wohntürme aus der Zeit des Johanniter-Ordens (1307-1522) auf der Ägäis-Insel Rhódos (Griechenland). In: BuS, 4/2009, Themenheft: Castles and Towns of the Crusader Period in the Eastern Mediterranean – Burgen und Städte der Kreuzzugszeit im Vorderen Orient, S. 245-261.

LOSSE, Michael: The castle 'Kástro tís Panajías' in the island of Léros (Greece), the first bastionated fortress in the Aegean? In: Europa Nostra Scientific Bulletin, Vol. 62 (2008), S. 91-100.

LOSSE, Michael: Frühe Festungselemente an Wehrbauten des ägäischen Johanniter-Ordensstaates (1307-1522) – Mögliche Vorbilder für Vor- und Außenwerke an Burgen in der Pfalz. In: Kaiserslauterer Jahrbuch für pfälzische Geschichte und Volkskunde, Bd. 12, 2012 (Festschrift für Jürgen Keddigkeit zum 65. Geburtstag), S. 75-104.

LOSSE, Michael/PIANA, Mathias: Kreuzfahrer-Burgen auf der Peloponnes und im übrigen Griechenland. In: PIANA 2008, S. 456-466.

LOUPOU-ROKOU, Athena-Christina: The Aegean Fortresses and Castles. Athen 1999.

LÜCKERATH, Carl August: Burgen des Kölner Erzstiftes als Herrschaftsinstrumente (um 1200). In: SCHOCK-WERNER/HOFRICHTER 2001, S. 65-72.

MAINZER, Udo: Stadttore im Rheinland. Neuss 1976.

MECKSEPER, Cord: Ausstrahlungen des französischen Burgenbaues nach Mitteleuropa im 13. Jh. In: Beiträge zur Kunst des Mittelalters. Festschrift für H. Wentzel zum 60. Geburtstag. Berlin 1975, S. 135-144.

MEHRING, F. E. von: Geschichte der Burgen, Ritter Güter, Abteien und Klöster des Rheinlandes. Köln 1831-61 [veraltet, doch von forschungsgeschichtlichem Interesse].

MENCHÉN, Georg/LEIßLING, Wolfgang: Burgen zwischen Eisenach und Bautzen. Rudolstadt 1983.

MESQUI, Jean: Chateaux forts et fortifications en France. Paris 1997.

METTERNICH, Wolfgang: Die Königsburgen von Wales. Darmstadt 1984.

METTERNICH, Wolfgang: Der Torbau und die regelmäßige Burganlage des 13. Jh. im anglo-französischen Raum. In: BuS 1990/II, S. 58-74.

MEYER, Werner [Basel]: Das grosse Burgenbuch der Schweiz. Frankfurt/M. ⁵1986.

MEYER, Werner: Bollwerk und Zwinger. In: Barbara SCHOLKMANN et al. (Hg.): Zwischen Tradition und Wandel: Archäologie des 15. und 16. Jahrhunderts. Büchenbach 2009.

MEYER, Werner [Basel]: Der Verteidigungswert des Zwingers im 15. Jahrhundert – Bemerkungen zur Rolle der Burg in Krieg und Fehde im Spätmittelalter. In: ZEUNE 2011, S. 32-36.

MEYER, Werner [München]: Deutsche Burgen. 2., verbesserte Aufl. Frankfurt/M. 1969.

MEYER, Werner [München]: Deutsche Schlösser und Festungen. Frankfurt/M. 1969.

MEYER, Werner [München]: Europas Wehrbau. Frankfurt/M. 1973.

MEYER, Werner [München]: Deutsche Ritter, Deutsche Burgen. München 1990.

MOLIN, Kristian: Unknown Crusader Castles. Hambledon und London/New York und London 2001.

MONREAL Y TREJADA, Luis: Mittelalterliche Burgen in Spanien. Köln 1999.

MÜLLER, Anne/WEINHOLD, Matthias: Felsenburgen der Sächsischen Schweiz: Neurathen, Winterstein, Arnstein. Regensburg 2010.

MÜLLER, Heinz/SCHMITT, Reinhard: Zwinger und Vorbefestigungen. Tagung vom 10. bis 12. November 2006 auf Schloss Neuenburg bei Freyburg (Unstrut). Hrsg. i.A. der Landesgruppen Sachsen, Sachsen-Anhalt und Thüringen der Deutschen Burgenvereinigung e.V. (Veröffentlichungen der Landesgruppen Sachsen, Sachsen-Anhalt und Thüringen der Deutschen Burgenvereinigung e.V.). Langenweißbach 2007.

MÜLLER, Matthias: Das Schloß als Bild des Fürsten. Herrschaftliche Metaphorik in der Residenzarchitektur des Alten Reichs (1470-1618). Göttingen 2005.

MÜLLER-WIENER, Wolfgang: Die Anfänge des Festungsbaues. Zur Entwicklung der Bastionärbefestigung des 15. und 16. Jh. im östlichen Mittelmeergebiet. In: BuS, 1960/II, S. 1-6.

MÜLLER-WIENER, Wolfgang: Burgen der Kreuzritter im Heiligen Land, auf Zypern und in der Ägäis. München 1966.

NEUMANN, Hartwig. Festungsbaukunst und Festungsbautechnik. Koblenz 1988.

NICOLLE, David: Medieval Warfare Source Book, Warfare in Western Christendom. London 1995.

NICOLLE, David: Crusader Castles in the Holy Land. An Illustrated History of the Crusader Fortifications of the Middle East and Mediterranean. Westminster 2008.

NICOLLE, David/HOOK, Adam: Crusader Castles in Cyprus, Greece and the Aegean 1191–1571 (Fortress 59). Westminster 2007.

NICOLLE, David/THOMPSON, Sam: Medieval Siege Weapons (1) - Western Europe AD 585–1385 (New Vanguard 58). Westminster 2002.

NOWAK, Zenon Hubert (Hg.): Das Kriegswesen der Ritterorden im Mittelalter (Ordines militares. Colloquia Torunensia Historica, VI). Toruń 1991.

OTTERSBACH, Christian: Befestigte Schlossbauten im Deutschen Bund. Landesherrliche Repräsentation, adliges Selbstverständnis und die Angst der Monarchen vor der Revolution 1815-1866. Petersberg 2007.

PATZE, Heinz: Die Burgen im deutschen Sprachraum. Ihre rechts- und verfassungsgeschichtliche Bedeutung. 2 Bde. Stuttgart 1976.

PIANA, Mathias (Hg.): Burgen und Städte der Kreuzzugszeit (Studien zur internationalen Architektur- und Kunstgeschichte, 65). Petersberg 2008.

PIANA, Mathias: Die Erforschung von Burgen und Städten der Kreuzzugszeit – eine Standortbestimmung. In: PIANA 2008, S. 10-30.

PIPER, Otto: Burgenkunde. Bauwesen und Geschichte der Burgen (Nachdruck der verbesserten und erweiterten Aufl. ³1912). Frankfurt/M. und München 1967.

PLATZ, Kai Thomas/BEDAL, Konrad (Hg.): Ritter, Burgen und Dörfer. Mittelalterliches Leben in Stadt und Land. Gebietsausschuß Fränkische Schweiz. Tüchersfeld 1997 (Ausstellungskatalog).

POSPIESZNY, Kazimierz: Die Bauweise der ritterlichen Klosterburgen in Preußen. In: FzBS, 2, 1996. S. 185-197.

PRIETZEL, Malte: Krieg im Mittelalter. Darmstadt 2006.

PRIETZEL, Malte: Kriegführung (Spätmittelalter). In: Historisches Lexikon Bayerns. URL: http://www.historisches-lexikon-bayerns.de/artikel/artikel_45765 (23.01.2012).

RATHGEN, Bernhard: Das Geschütz im Mittelalter. Neu hrsg. und eingeleitet von Volker SCHMIDTCHEN. Erstmaliger Reprint der Ausgabe von 1928. Düsseldorf 1987.

Reclam Wörterbuch der Burgen, Schlösser und Festungen. Hrsg. von Horst Wolfgang BÖHME, Reinhard FRIEDRICH, Barbara SCHOCK-WERNER. Stuttgart 2004.

SÄNGER, Margret: Die Burgfrieden der Grafen von Katzenelnbogen. In: Blätter für deutsche Landesgeschichte, 116, 1980, S. 189-234.

SCHATZ, Elisabeth: Über Steinmetzzeichen. Zur Bedeutung und Dokumentation eines mittelalterlichen „Markenzeichens" am Fallbeispiel der „Doppelwendeltreppe" der Grazer Burg. Graz 2005 (Universität Graz, Dipl.-Arbeit, 2005).

SCHLUNK, Andreas/GIERSCH, Robert: Die Ritter. Geschichte, Kultur, Alltagsleben. Stuttgart 2003 (Katalog zur gleichnamigen Ausstellung: Historisches Museum der Pfalz, Speyer, 30. März bis 16. Oktober 2003).

SCHMIDTCHEN, Volker: Bombarden, Befestigungen, Büchsenmeister. Von den ersten Mauerbrechern des Spätmittelalters zur Belagerungsartillerie der Renaissance. Eine Studie zur Entwicklung der Militärtechnik. Düsseldorf 1977.

SCHMIDTCHEN, Volker: Das Befestigungswesen im Übergang vom Mittelalter zur Neuzeit. In: BuS 1979/I, S. 49-52.

SCHMIDTCHEN, Volker: Büchsen, Bliden und Ballisten. Bernhard Rathgen und das mittelalterliche Geschützwesen. Ein Beitrag zur historischen Waffenkunde. In: RATHGEN 1987, S. V-XLVIII.

SCHMIDTCHEN, Volker: Kriegswesen im späten Mittelalter. Technik, Taktik, Theorie (VCH Acta humaniora). Weinheim 1990.

SCHOCK-WERNER, Barbara (Hg.): Burg- und Schlosskapellen. Stuttgart und Braubach 1995.

SCHOCK-WERNER, Barbara (Hg.): Holz in der Burgenarchitektur. Braubach 2004.

SCHOCK-WERNER, Barbara/HOFRICHTER, Hartmut (Hg.): Zentrale Funktionen der Burg. Braubach 2001.

SCHUCHARDT, Carl: Die Burg im Wandel der Weltgeschichte. Potsdam 1931.

SCHUCHARDT, Günter: Dachsbeil, Wolf und Vogeltrage. Der Baubetrieb auf der mittelalterlichen Wartburg. Regensburg 2008.

SCHÜTTE, Ulrich: Das Schloß als Wehranlage. Befestigte Schloßbauten der Frühen Neuzeit. Darmstadt 1994.

SCHÜTTE, Ulrich: Zur fiktiven und realen Wehrhaftigkeit hessisch-thüringischer Schloßbauten zwischen 1550 und 1750. In: Jörg Jochen BERNS/Detlef IGNASIAK (Hg.): Frühneuzeitliche Hofkultur in Hessen und Thüringen (Jenaer Studien, 1). Jena 1993, S. 44-67.

SPITERI, Stephen C.: Fortresses of the Cross. Hospitaller Military Architecture (1136-1798). Qormi (Malta) 1994.

SPITERI, Stephen C.: Fortresses of the Knights. Hamrun (Malta) 2001.

STEFANIDOU, Alexandra: Castles of the Knights Hospitallers. In: TRIPOSKOUFI/ TSITOURI 2002, S. 184-253.

STEVENS, Ulrich: Burgkapellen im deutschen Sprachraum. Köln 1978.

Stiftung Thüringer Schlösser und Gärten (Hg.): Die wehrhafte Residenz. Zeughaus – Marstall – Militär. Regensburg 2009.

TRIPOSKOUFI, Anna/TSITOURI, Amalia (Hg.): Venetians and Knights Hospitallers. Military Architecture Networks. Athen 2002.

UHL, Stefan/ZEUNE, Joachim: Mauerturm, Flankierungsturm. In: Deutsche Burgenvereinigung, 1, 1999, S. 245-247.

UHL, Stefan/ZEUNE, Joachim: Geschützturm, Rondell, Batterieturm. In: Deutsche Burgenvereinigung, 1, Stuttgart 1999, S. 247-249.

ULMER, Christoph: Burgen im Friaul. Köln 1999 (italienische Originalausgabe Udine 1997).

VERBRUGGEN, J. F.: The Art of Warfare in Western Europe. Woodbridge 1998.

WAGENER, Olaf/LAß, Heiko (Hg.): „... wurfen hin in steine / grôze und niht kleine ..." Belagerungen und Belagerungsanlagen im Mittelalter (Beihefte zur Mediaevistik. Monographien, Editionen, Sammelbände. Hrsg. von Peter DINZELBACHER, Bd. 7). Frankfurt/M., Berlin, Bern, Bruxelles, New York, Oxford, Wien 2006.

WARNKE, Martin: Bau und Überbau. Soziologie der mittelalterlichen Architektur nach den Schriftquellen. Frankfurt/M. 1976.

WARNKE, Martin (Hg.): Politische Architektur in Europa vom Mittelalter bis heute. Repräsentation und Gemeinschaft. Köln 1984.

WROBLEWSKI, Jens/WEMMERS, André: Niederrhein (Theiss Burgenführer). Stuttgart 2001.

ZEUNE, Joachim: Der schottische Burgenbau vom 15. bis zum 17. Jahrhundert. Braubach 1989.

ZEUNE, Joachim: Burgen – Symbole der Macht. Ein neues Bild der mittelalterlichen Burg. Regensburg 1996.

ZEUNE, Joachim: Streichwehr, Grabenwehr, Kaponniere. In: Deutsche Burgenvereinigung, 1, 1999, S. 250.

ZEUNE, Joachim: Wehrerker, Tourelle, Pechnase. In: Deutsche Burgenvereinigung, 1, 1999, S. 251-253.

ZEUNE, Joachim: Zinnen. In: Deutsche Burgenvereinigung, 1, 1999, S. 253-254.

ZEUNE, Joachim: Schießscharten. In: Deutsche Burgenvereinigung, 1, 1999, S. 254-255.

ZEUNE, Joachim: Ritterburgen. Bauwerk, Herrschaft, Kultur (C. H. Beck Wissen). München 2015.

Joachim Zeune (Hg.): Von der Burg zur Residenz (Veröffentlichungen der Deutschen Burgenvereinigung, Reihe B: Schriften, Bd. 11). Braubach 2009.

ZEUNE, Joachim (Hg.): Alltag auf Burgen im Mittelalter. Braubach 2006.

ZEUNE, Joachim (Hg.): Die Burg im 15. Jahrhundert. Braubach 2011.

ZEUNE, Joachim (Hg.): „Dem Feind zum Trutz" – Wehrelemente an mittelalterlichen Burgen. Braubach 2015.

ZIMMER, John: Die Burgen des Luxemburger Landes. 2 Bde. Luxemburg 1996; Bd. 3, 2010.

ZIMMER, Johny/MEYER, Werner/BOSCARDIN, Letizia (Hg.): Krak des Chevaliers in Syrien. Archäologie und Bauforschung 2003-2008. 2 Bde. Braubach 2011.

Ebenfalls im Programm des Regionalia Verlages erhältlich

29. Auflage

978-3-939722-39-7
128 Seiten, € 4,95 ↓

6. Auflage

↑ 978-3-939722-31-1
128 Seiten, € 4,95

8. Auflage

978-3-95540-167-2
160 Seiten plus Bildtafeln, € 7,95 ↓

↑ 978-3-939722-82-3
160 Seiten plus Bildtafeln, € 7,95